Leonardo Araújo | Rogério Gava

GANHADORES DO PRÊMIO JABUTI

Empresas PROATIVAS 4.0

Estratégias para vencer na Era Digital

ALTA BOOKS
E D I T O R A

Rio de Janeiro, 2019

CB007935

Empresas Proativas 4.0 - Estratégias para vencer na Era Digital
Copyright © 2019 da Starlin Alta Editora e Consultoria Eireli. ISBN: 978-85-508-0839-0

Impresso no Brasil — 1ª Edição, 2019 — Edição revisada conforme o Acordo Ortográfico da Língua Portuguesa de 2009.

Publique seu livro com a Alta Books. Para mais informações envie um e-mail para autoria@altabooks.com.br

Obra disponível para venda corporativa e/ou personalizada. Para mais informações, fale com projetos@altabooks.com.br

Produção Editorial	Produtor Editorial	Marketing Editorial	Vendas Atacado e Varejo	Ouvidoria
Editora Alta Books	Juliana de Oliveira	marketing@altabooks.com.br	Daniele Fonseca	ouvidoria@altabooks.com.br
	Thiê Alves		Viviane Paiva	
Gerência Editorial		**Editor de Aquisição**	comercial@altabooks.com.br	
Anderson Vieira	**Assistente Editorial**	José Rugeri		
	Illysabelle Trajano	j.rugeri@altabooks.com.br		

Equipe Editorial	Adriano Barros	Kelry Oliveira	Leandro Lacerda	Paulo Gomes
	Bianca Teodoro	Keyciane Botelho	Livia Carvalho	Thales Silva
	Ian Verçosa	Larissa Lima	Maria de Lourdes Borges	Thauan Gomes

Revisão Gramatical	Diagramação/ Layout	Capa
Alessandro Thomé	**Layout**	Thauan Gomes
Thaís Pol	Joyce Matos	

Erratas e arquivos de apoio: No site da editora relatamos, com a devida correção, qualquer erro encontrado em nossos livros, bem como disponibilizamos arquivos de apoio se aplicáveis à obra em questão.

Acesse o site www.altabooks.com.br e procure pelo título do livro desejado para ter acesso às erratas, aos arquivos de apoio e/ou a outros conteúdos aplicáveis à obra.

Suporte Técnico: A obra é comercializada na forma em que está, sem direito a suporte técnico ou orientação pessoal/exclusiva ao leitor.

A editora não se responsabiliza pela manutenção, atualização e idioma dos sites referidos pelos autores nesta obra.

Dados Internacionais de Catalogação na Publicação (CIP) de acordo com ISBD

A663e   Araújo, Leonardo

Empresas Proativas 4.0: Estratégias para Vencer na Era Digital / Leonardo Araújo, Rogério Gava. - Rio de Janeiro : Alta Books, 2019.
192 p. : il. ; 17cm x 24cm.

Inclui índice e anexo.
ISBN: 978-85-508-0839-0

1. Administração. 2. Empresas. 3. Era Digital. I. Gava, Rogério. II. Título.

CDD 658.7
2019-1169   CDU 658.7

Elaborado por Vagner Rodolfo da Silva - CRB-8/9410

Rua Viúva Cláudio, 291 — Bairro Industrial do Jacaré
CEP: 20.970-031 — Rio de Janeiro (RJ)
Tels.: (21) 3278-8069 / 3278-8419
www.altabooks.com.br — altabooks@altabooks.com.br
www.facebook.com/altabooks — www.instagram.com/altabooks

ALTA BOOKS
E D I T O R A

ASSOCIADO

Para minha esposa, Adriana;
meus filhos, Júlia e Bernardo;
minhas netas, Cecília e Carolina;
com amor, sempre.
Leonardo Araújo

Para meus filhos, João Pedro e Anna Laura,
fonte de felicidade e sentido.
Para minha esposa, Clarisse, com amor.
Rogério Gava

Apresentação

Quando começamos a estudar a proatividade das empresas, há mais de dez anos, o fenômeno do mundo 4.0 era ainda nascente. A partir do conceito de *Indústria 4.0*, cunhado pelos alemães em 2011, um novo marco na linha do tempo dos negócios foi instalado. Nascia a visão de uma nova economia, totalmente conectada, digital e baseada na informação extensiva. Nela, a fusão de tecnologias aproximaria as dimensões físicas, digitais e biológicas. Fenômenos até então pouco comentados, como *inteligência artificial*, *machine learning* (aprendizado de máquina), *robótica, impressão 3D, veículos autônomos* e *Internet das Coisas*, começavam a ganhar espaço relevante.

Passada quase uma década, tudo isso é realidade. Nesse contexto, a proatividade ganha ainda mais importância. De fato, em um mundo que voa na velocidade digital, antecipar mercados continua sendo uma grande fonte de vantagem competitiva. Nesse sentido, no entanto, a "caixa de ferramentas" da empresa proativa teve de mudar. Conceitos como o de *Business Inteligence*

(BI) se tornaram imprescindíveis no processo de gestão de qualquer empresa. Evoluções como o *Business Analytics (BA)* facilitaram a análise da avalanche de dados atual, propiciando às empresas uma visão mais acurada das mudanças que se avizinham no horizonte. Nesse contexto, métodos como o de *análise preditiva* passaram a ocupar cadeira cativa no processo de inteligência estratégica.

Escrevemos este livro por causa desse novo mundo. O conceito de *Empresa Proativa 4.0* diz respeito justamente a um novo ciclo dentro do processo de prospectar a mudança. Somente vontade ou boas intenções não darão conta da antecipação do futuro. A proatividade de mercado, hoje, deve estar apoiada sobre sólidos radares estratégicos, dando maior robustez ao processo de rastreamento de sinais, análise de tendências e transformações futuras.

O leitor já familiarizado com nossas obras anteriores encontrará aqui uma nova roupagem de aplicação para a chamada *gestão da proatividade*. Ao mesmo tempo, quem não estiver integrado ao tema terá acesso ao funcionamento básico da *proatividade de mercado*, essa poderosa ferramenta que proporciona para as empresas uma melhor forma de lidar com o dia de amanhã.

Como sempre dissemos, a proatividade de mercado não é puramente um processo técnico, tampouco uma ação descolada da cultura da empresa. Ela precisa ser incorporada à pauta da agenda estratégica, sendo uma prática diária constantemente aprimorada. No contexto destes novos tempos digitais, essa premissa nunca foi tão verdadeira. Somente as empresas que usarem a tecnologia a seu favor, sem negligenciar o contexto visceralmente humano da gestão, colherão os melhores frutos de uma estratégia proativa. Despertar esse interesse e essa motivação nos gestores é o grande objetivo deste livro. É com ele que o convidamos a seguir adiante na leitura.

Leonardo Araújo e Rogério Gava
Dezembro de 2018

Sobre os Autores

eonardo Araújo nasceu em Araxá (MG) em 1958. Graduou-se em Ciências Econômicas pela PUCMINAS em 1981. Ainda como estudante, começou a trabalhar no Credireal (banco incorporado pelo Bradesco). Em 1988, iniciou sua carreira executiva na Localiza, atuando na divisão de Franchising, porta de entrada para uma densa jornada de trabalho, em Marketing e Vendas, nas demais plataformas de negócio da empresa. Em 2003, já cursando o mestrado, ingressou na FDC como executivo de Marketing. Em 2008, deixou a função executiva para atuar como professor e pesquisador, em regime de dedicação integral. Em 2015, passou a atuar na FDC como professor associado, para se dedicar às suas atividades como consultor de empresas e palestrante.

Em parceria com Rogério Gava, pesquisa a proatividade empresarial desde 2007 e é coautor do livro *Empresas Proativas*, lançado em 2011, ganhador do prêmio Jabuti no ano seguinte e publicado na Inglaterra pela editora Palgrave Macmillan. Em 2014, com a mesma coautoria, lançou o livro *Estratégias Proativas de Negócio*.

Como professor, atua em programas de desenvolvimento de empresários e executivos de grandes e médias organizações, nos temas Estratégia Empresarial, Marketing Estratégico e Gestão da Inovação. Sua atuação como consultor empresarial está centrada também nessas áreas.

Leonardo dedica-se à poesia desde os 18 anos ("...busco forma lúdicas de ler e tecer"), mas se declara um poeta bissexto ("Lapidar palavras / não é sina fácil / como ensinar ao fogo / o segredo da centelha"). Publicou dois livros de poesia: *Incidentes e Alquimias* (1998) e *No Tapa* (2010). Com sua mulher, Adriana, e a filha, Julia, vive em Belo Horizonte.

R ogério Gava nasceu em Bento Gonçalves (RS) em 1966. Graduou-se em Hotelaria pela Universidade de Caxias do Sul em 1989. Após trabalhar na área, atuou por dez anos com vendas, principalmente junto à indústria moveleira. Em 2001 concluiu pós-graduação em Marketing na ESPM (RS), ano em que também iniciou a carreira como professor e consultor de empresas. Em 2004 finalizou o mestrado em Administração na UNISINOS (RS). Leciona em programas de pós-graduação desde 2006 nas principais instituições de ensino gaúchas. Em 2009 doutorou-se em Administração pela UFRGS (RS), defendendo uma tese sobre proatividade de mercado. Por 15 anos atuou como coordenador e professor na Faculdade Cenecista de Farroupilha (RS).

Em parceria com o professor Leonardo Araújo, da Fundação Dom Cabral, lançou em 2011 o livro *Empresas Proativas*, ganhador do prêmio Jabuti no ano seguinte e publicado na Inglaterra pela editora Palgrave Macmillan. Em 2014, com a mesma coautoria, lançou o livro *Estratégias Proativas de Negócio*.

Desde 2014 é assessor de planejamento do SIMECS (Sindicato Patronal da Indústria de Caxias do Sul - RS). Na qualidade de consultor, desenvolve trabalhos nas áreas de Planejamento Estratégico e Proatividade. Áreas de seu particular interesse incluem Estratégia, Marketing, Proatividade de Mercado e Comportamento Proativo. Mais recentemente, tem se voltado aos estudos sobre a felicidade no âmbito pessoal e profissional. Nesse aspecto, em 2017 lançou o livro de crônicas *Felicidade*, tema sobre o qual tem palestrado em empresas e instituições.

O professor Gava se dedica também a estudos nas áreas de Filosofia, Religião, Psicanálise e Evolução Humana. É bibliófilo, membro fundador da Confraria dos Bibliófilos do Brasil. Vive em Bento Gonçalves (RS) com a esposa, Clarisse, e os filhos, João Pedro e Anna Laura.

Sumário

Proatividade em um Mundo 4.0

Estamos em 1975. Um engenheiro elétrico da Kodak trabalha em um novo sistema de armazenamento de dados. Seu nome: Steven Sasson. Ele não imagina o quanto sua invenção revolucionará o mundo da fotografia. A geringonça, quadrada e pintada de azul, mais parece um Frankenstein tecnológico: usa lente de câmera Super 8, um gravador portátil, 16 baterias de níquel-cádmio, um conversor analógico-digital e dezenas de outros circuitos — tudo conectado em meia dúzia de placas.

Sasson faz uma série de demonstrações do aparelho para os executivos da Kodak. Ele leva a câmera para as salas de reunião e explica seu funcionamento tirando fotos dos presentes. Mas o máximo que consegue são olhares desconfiados e totalmente incrédulos. A máquina, além de estranha, não é muito convincente: demora 23 segundos para gravar a foto em uma fita K7. A foto resultante, reproduzida em um televisor, é de baixíssima definição (absurdo 0,01 megapixel aos olhos de hoje) e em preto e branco.

Os executivos da Kodak dão de ombros ao invento e repetem em coro: "Quem vai querer ver fotografias na tela de um televisor?" Ironicamente, as objeções mais fortes vêm das áreas de marketing e de novos negócios. Compreensível: a Kodak domina todo o processo de fotografia e lucra alto com isso; vende as máquinas, o filme, as lâmpadas de flash, o papel e os insumos da revelação. "Temos o mercado nas mãos!", diz um dos presentes, e continua: "Praticamos altíssimas margens! Não temos concorrentes! Por que mudar?"

Sasson, porém, era um visionário. Quando indagado pelos executivos da Kodak sobre o tempo necessário para a fotografia digital vir a competir com a analógica, ele respondeu de forma profética: entre 15 e 20 anos. Exatamente o período em que as máquinas digitais começaram a surgir com força no mercado, em meados dos anos 1990. Mas, embora não tivesse dado a devida importância ao invento, a Kodak permitiu que Sasson continuasse com as pesquisas para aprimorar a câmera. Foi o que aconteceu, e em 1978 a lendária empresa patenteou a primeira câmera digital da história.

A invenção, no entanto, jamais foi divulgada para o público. Mais dez anos se passaram, e em 1989, Steven Sasson e seu colega Robert Hills criaram a primeira câmera digital SLR, um modelo bastante similar às câmeras digitais de hoje. Tinha 1,2 megapixel e usava um cartão de memória para compressão da imagem. A câmera foi patenteada em 1991, mas o departamento de marketing da Kodak seguiu desprezando a invenção. O motivo que sustentava o desinteresse foi emblemático: eles não lançariam um produto que poderia vir a canibalizar a venda de filmes. A câmera digital podia esperar.

Um erro fatal: 20 anos bastaram para a revolução digital tomar conta do mercado. Em 2003, as máquinas digitais ultrapassavam as analógicas em vendas. Em 2010, os filmes fotográficos desapareceram por completo. Em janeiro de 2012, a Kodak pediu falência na corte norte-americana, e emergiu dela, em 2013, apenas uma sombra pálida do que era. A cidade onde nasceu, Rochester, não escapou à derrocada de sua principal empresa. Naquela em que outrora chegou a ser chamada de "cidade Kodak", a renda per capita caiu pela metade, e a taxa de criminalidade aumentou cinco vezes.

Hoje, a primeira câmera digital feita por Steven Sasson está em exposição no Museu Nacional da História Americana, em Washington. Ela é o testemunho do que acontece a uma empresa quando esta se recusa a mudar, quando teima em não enxergar a realidade, em não aceitar que as coisas não são mais o que eram. O maior inimigo da Kodak foi ela própria.

> *A Kodak era muito boa no que fazia, e isso fortaleceu o medo da mudança e a posição defensiva. Em certo sentido, a empresa sucumbiu pelo próprio sucesso, que muitas vezes cega as empresas para o futuro.*

Reatividade: o perigo de fazer "mais do mesmo"

Há dez anos estudamos a abordagem da proatividade de mercado. Nesse tempo, uma verdade que aprendemos foi: fazer mais do mesmo, muitas vezes pavimenta o caminho para o fracasso. Foi o que aconteceu com a Kodak. O posicionamento estratégico defensivo e deficientemente reativo foi um coquetel maléfico, que bastou para implodir uma das maiores empresas de tecnologia de todos os tempos.

Seguir fazendo o que sempre se fez, defender-se em detrimento de atacar, apenas reagir, ao invés de ativar a mudança, são comportamentos típicos das *empresas reativas*. Mas sejamos sinceros: podemos entender o comportamento dos executivos da Kodak à época. O que engordava os cofres da empresa era a venda de filmes e de todo o processo de revelação e seus insumos, com margens que chegavam a incríveis 70%. A estratégia e os princípios operacionais fizeram da Kodak uma empresa quase imbatível. Em 1976 (época em que Sasson inventou a câmera digital), a empresa detinha 90% das vendas de filmes e 85% das vendas de câmeras nos EUA. A caixinha amarela do filme Kodak havia se tornado um ícone do mundo moderno. Com tanto sucesso assim, quem apostaria na proatividade?

O problema é que, como aconteceu com a Kodak, a reação pode vir tarde demais. O erro da icônica empresa de Rochester — ao contrário do que muitas vezes se propala — não foi tanto não enxergar a mudança, mas não saber lidar com ela e perder o tempo da ação. A Kodak não conseguiu ser proativa em relação ao mercado digital, e quando tentou ser reativa, já era tarde demais. A transformação digital acabara de contabilizar uma vítima fatal.

Reatividade de mercado: o que é?

A reatividade pode induzir a empresa a um raciocínio perigoso: basta atender ao mercado em suas demandas que estará garantida a sobrevivência no jogo competitivo. Não é sempre o que acontece, principalmente na era 4.0, em que novos modelos de negócio surgem para quebrar paradigmas de mercado.

Considere a indústria de ferramentas de busca na internet no final dos anos 1990. Pioneiros como AltaVista e Yahoo! enxergavam a busca na web como apenas mais uma opção aos usuários da rede. Compras, acessos a e-mails e notícias pareciam ofertas bem mais interessantes. Com seus sites carregados de propagandas e links, mais voltados à venda do que propriamente a socorrer internautas perdidos em informações, jamais imaginariam serem eclipsados de forma tão impactante como o foram pelo Google, com seu revolucionário modelo de negócio e um algoritmo possante (o sistema *Page Rank*, fruto da genialidade de Larry Page, um dos fundadores da empresa, cujo sonho — realizado — era "baixar a internet em seu computador").

Exemplos recentes: o impacto da Netflix sobre o modelo de negócios das videolocadoras; da Uber sobre o transporte urbano de passageiros; do Airbnb sobre o serviço de hotelaria. A verdade de um mundo 4.0 é que, nestes tempos de mudanças exponenciais, a reatividade tornou-se uma estratégia perigosa. Quando a concorrência muda de forma tão abrupta, defender-se pode se tornar uma ação totalmente inócua.

Chamamos esse posicionamento muito defensivo — e hoje bastante obsoleto — de *reatividade de mercado*, ou seja, uma *estratégia baseada exclusivamente na adaptação às condições de mercado vigentes*. É a esse posicionamento adaptativo que a proatividade de mercado vem fazer contraponto.

Estamos convencidos de que a maioria das empresas, na maior parte do tempo, atua da forma reativa que descrevemos. São poucas as organizações que conseguem antecipar o mercado, agindo antes que a mudança ocorra ou até mesmo criando a mudança de forma revolucionária. Passamos a nos perguntar por que isso acontece. Em outras palavras, por que a maior parte do que se faz em estratégia, em síntese, ainda se resume a responder às demandas do mercado? É bem provável que neste momento você esteja se fazendo essa mesma pergunta. Talvez a empresa em que você atue se encaixe no que estamos descrevendo. Neste ponto, a questão de um milhão de dólares é:

> *Afinal, por que as empresas se contentam em apenas responder ao mercado, quando poderiam, elas próprias, modelar o ambiente a seu favor?*

Por que as empresas são reativas?

Vamos propor um exercício, o de olhar para a realidade de sua empresa e fazer três perguntas:

1. De que forma ela tem construído suas *estratégias* ao longo do tempo?
   a. De forma a adaptar-se às condições que a cercam.
   b. Visando a construir novas realidades de mercado.

2. Que tipo de orientação para o mercado tem norteado as ações de *marketing* de sua empresa?
   a. Uma orientação voltada a responder às necessidades dos consumidores e aos movimentos da concorrência.
   b. Uma orientação que procura criar necessidades totalmente novas e mudar as regras do jogo.

3. Como sua empresa trata a *inovação*?
   a. Como um processo pautado nas demandas do mercado e nos requerimentos dos clientes.
   b. Como uma ação baseada em interpretar proativamente o que não foi explicitado pelo mercado e em romper de forma marcante com os padrões da oferta.

Se suas respostas evidenciarem uma forte orientação reativa (letra "a"), não se assuste, sua empresa estará na média daquilo que o mercado tem apresentado. E isso tem uma explicação simples: as ações no âmbito da *estratégia*, do *marketing* e da *inovação* representam o melhor espelho quando se busca evidenciar a reatividade de mercado, ou seja, são as fontes da postura reativa (Figura 1-1). Vamos explicar um pouco cada uma dessas atitudes.

FIGURA 1-1

As fontes da reatividade de mercado

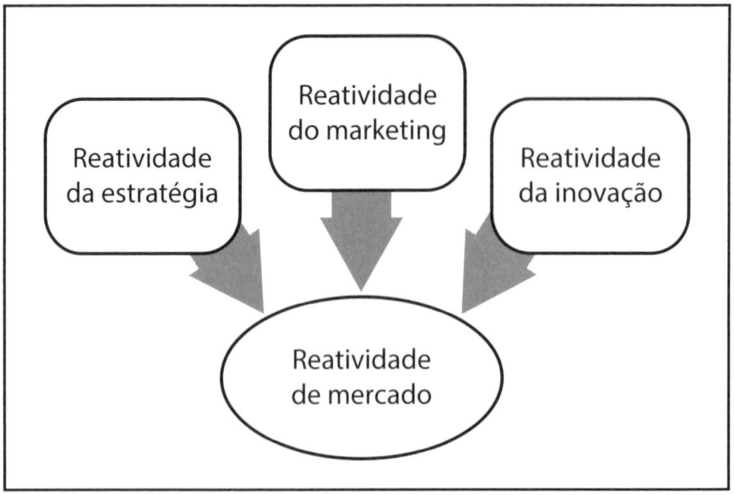

As fontes da reatividade de mercado

A reatividade da estratégia. O conceito de estratégia empresarial remonta aos anos 1960, e de lá para cá — em nosso entender —, pouco mudou em sua essência. Trata-se de buscar o melhor posicionamento da empresa perante o ambiente, adaptando-a às condições que a cercam. O mercado e suas condições são o ponto de partida (que gerente já não participou de algum tipo de diagnóstico de oportunidades e ameaças?), perante o qual as ações são traçadas. Gostamos de dizer que, se a administração estratégica clássica tivesse um lema, seria: adapte-se ou morra!

Por que as estratégias seguem esse paradigma reativo? Sem entrarmos em muitos rodeios teóricos, podemos dizer que o processo de construção estratégica — ensinado e praticado — levou a uma supervalorização das condições do mercado e dos padrões da competição existentes, como bússolas a guiar as estratégias das empresas. É esse o raciocínio básico que permeia os modelos e ferramentas de estratégia e de marketing consagrados, os quais sempre colocam a estratégia como variável dependente das condições de mercado. Toda essa influência não poderia levar a um posicionamento diferente, por parte das empresas e de seus estrategistas, daquele baseado na adaptação aos imperativos do ambiente.

A reatividade do marketing. O marketing moderno nasceu nos anos 1950 do pensamento de Peter Drucker, que à época nos trouxe uma frase inspiradora e que se tornaria célebre: "O único objetivo válido para um negócio é criar clientes". Veja só: o manifesto de Drucker revelava que, em última análise, é a ação transformadora da empresa que cria os mercados e suas necessidades. Mas, em nosso entender, a profética frase foi mal interpretada: leu-se o que ele não escreveu, e a expressão "criar clientes" passou a ser entendida exclusivamente como sinônimo de "satisfazer clientes".

Sobre essa interpretação — que julgamos bastante equivocada — lançou-se uma das regras fundamentais do marketing: a empresa existe para satisfazer seus clientes, guiando-se por suas demandas e desejos. Para serem bem-sucedidas, as organizações deveriam examinar constantemente e de forma exclusiva as possibilidades de satisfazer de maneira eficaz as necessidades dos consumidores. Desenhava-se, assim, o mantra da orientação estratégica de mercado, o qual dominou o pensamento reativo de marketing por muito tempo.

A reatividade da inovação. Nossa última fonte de reatividade diz respeito à geração de inovações. Há muito que o processo inovador da maioria das empresas vem sendo reduzido à simples questão de responder às necessidades do mercado. Não é de hoje, aliás, que se atenta para essa postura reativa do processo inovador.

A inovação baseada na tecnologia e em pesquisa e desenvolvimento tem sido subordinada quase que invariavelmente às demandas do mercado. Isso coloca a geração de inovações dentro dos limites do que é estritamente conhecido, usual e tido como viável. É o que chamamos de "inovação reativa".

A inovação reativa ocorre porque as empresas, na maioria das vezes, insistem em recorrer ao mercado para balizar o processo inovador. No entanto, é bem conhecida a baixa capacidade dos consumidores de imaginar inovações. As pessoas, de forma geral, não se constituem em fontes de *insights* para produtos e serviços realmente revolucionários. Tente imaginar uma necessidade — um produto ou serviço — que não existe e que você gostaria que existisse. Mesmo que você dê esse passo, consegue imaginar se ele seria viável hoje, sob o ponto de vista tecnológico? Assim, pelos métodos tradicionais de pesquisa, dificilmente os clientes apresentarão boas ideias para inovações disruptivas.

Como disse Steve Jobs, consumidores só sabem o que querem depois que alguém mostra o que eles podem querer. Mas talvez tenha sido Henry Ford quem primeiro captou o dilema da inovação reativa, quando disse: "Se eu perguntasse aos meus compradores o que eles queriam, teriam respondido que era um cavalo mais rápido".

Essas três fontes de reatividade continuam modelando posturas reativas perante o mercado, que têm dominado o raciocínio empresarial e conduzido a uma visão restrita do que a estratégia pode fazer pelas empresas. Uma visão, em nosso entender, não mais suficiente em tempos de economia 4.0.

O novo mundo da *economia 4.0*

A economia 4.0 já é uma realidade, e esse novo contexto traduz um mercado pautado por três elementos básicos: *tecnologia digital, mobilidade* e *hiperconectividade*. Tudo isso embalado e alimentado pela informação em tempo real. Não é preciso dizer que todos os segmentos de negócio serão altamente impactados por essa verdadeira "trilogia do futuro".

Em um mundo 4.0, a fusão de tecnologias aproxima e sobrepõe as dimensões físicas, digitais e biológicas. Nesse contexto, ganham espaço fenômenos como inteligência artificial, robótica, impressão 3D, drones, nanotecnologia, biotecnologia, veículos autônomos e Internet das Coisas (*Internet of Things — IoT*).

A economia 4.0 traz a automação extrema dos negócios, além de diminuir as distâncias e o tempo despendido nas transações, por força da conectividade cada vez mais disseminada. Nesse estado de coisas, as novas tecnologias têm lugar de destaque.

Considere, por exemplo, a plataforma Uber: ela não teria sido possível sem o aumento exponencial do uso de smartphones. Pense, ainda, no impacto das mídias sociais sobre os negócios. Facebook, WhatsApp, Twitter e Instagram são hoje onipresentes e desempenham papel crucial no comportamento de compra dos consumidores e, em decorrência, na cadeia de valor de todos os segmentos.

No contexto da nova indústria 4.0, as fronteiras entre os setores serão também muito mais difusas e fluidas. Haverá cada vez mais a entrada de empresas de um setor em outros. As empresas não podem mais ignorar esse novo mundo. Ser proativo, hoje, tem muito a ver com essa realidade.

Proatividade em um mundo 4.0

A era 4.0 é revolucionária porque traz mudanças velozes, profundas e abrangentes, com impacto em modelos de negócio de setores maduros e no comportamento dos clientes. O acesso digital através de aplicativos e a economia compartilhada, formada por consumidores em rede, provocaram disrupções em arenas competitivas tradicionais, fazendo surgir novos modelos de negócio já citados aqui, como Uber, Airbnb e outros.

Nesta nova era, tudo vira dado a todo instante. Clientes são incessantes geradores de dados, ao usar as redes sociais, ao consumir produtos e serviços online, ao acionar chats, call centers, data centers. Sensores tornam os objetos inteligentes e interconectados; mais dados animando coisas, mas coisas gerando dados. Bem-vindo ao mundo 4.0.

Nesse novíssimo ambiente, é natural que o quociente entre perguntas e respostas seja alto. Os estrategistas de plantão procuram por respostas para amenizar incertezas. Como analisar bilhões de dados e ser mais preditivo para apoiar decisões estratégicas? Como se comportarão os clientes? Que novos produtos e serviços devem ser lançados? Que concorrentes escapam aos nossos radares, por serem muito diferentes de nós?

No campo da proatividade e inovação, a pergunta que não quer calar é: como antecipar mercados nesse turbilhão de mudanças, se tudo se transforma de maneira tão rápida e abrangente? Quando *bits* velozmente substituem átomos, transformam modelos de negócio e criam novas interações entre empresas e clientes, não seria mais fácil render-se à condição de apenas observar as mudanças e buscar movimentos de adaptação? Pelas lentes da proatividade, o olhar mais estratégico será sempre o da antecipação.

É evidente que devemos reconhecer o valor das ações de ajuste rápido ou de reação aos movimentos diários do mercado, mas acreditamos que as empresas com DNA proativo são capazes de construir o *futuro-hoje*, em plena transformação digital. Elas não esperam pela mudança para depois serem forçadas a agir. Por uma simples razão: têm visão de longo prazo e investem, hoje, em novos modelos de negócio — que serão lucrativos amanhã. Fazem apostas bem calibradas e sabem lidar com riscos. Jamais se tornam reféns do presente.

Costumamos dizer que o grande desafio não é ter que encarar um futuro desconhecido. O maior problema — que pode ser fatal — é a ausência de futuro, devido ao apego excessivo que muitas empresas têm ao presente, o que as torna míopes. Empresas adormecidas na era digital poderão jamais acordar.

Por outro lado, as empresas atentas e ativadoras se antecipam e criam o futuro. Veja o caso da GE, uma corporação industrial por excelência — fundada muito antes da era da internet — que hoje se considera uma "empresa guiada por dados". A grande corporação norte-americana vem investindo de forma proativa em sistemas avançados de dados, tornando-se cada vez mais inteligente e produtiva. A *Internet das Coisas* (IoT) faz parte da agenda diária da GE. Sensores instalados em equipamentos estão alavancando a proposta de valor da empresa: além de otimizar a fabricação de equipamentos *high end* em tecnologia, a GE pode prestar serviços de manutenção altamente informatizados aos clientes.

A Amazon é outra empresa que vem antecipando tendências e guiando mercados na era 4.0. Desde sua fundação, se posiciona como uma empresa de vanguarda. Atualmente, mescla muito bem os mundos *online* (o *ecommerce*, sua essência) e *offline* (as lojas físicas de livros e o inovador modelo de varejo *Amazon Go*, sem caixas para *check out* e gerenciado por tecnologia de ponta). As novas apostas da Amazon deverão revolucionar o varejo nos próximos anos.

Em 2017, a gigante estava no topo do ranking das "50 empresas mais inovadoras do mundo", elaborado pela *Fast Company Magazine*. É interessante observar a justificativa da revista para a conquista do prêmio: "For offering even more, even faster and smarter" (em tradução livre: "Por oferecer ainda mais, de forma mais rápida e mais inteligente"). Esse depoimento do fundador Jeff Bezos, concedido à publicação, é ainda mais instigante: "Nossos consumidores são leais a nós até o segundo em que alguém lhes ofereça um serviço melhor. E nós adoramos isso; é supermotivador para nós."

Esse pensamento é típico de quem não se acomoda e quer ditar regras no jogo competitivo. A Amazon é uma empresa visionária, guiada por dados e que sempre se antecipou ao mercado, gerando tendências. O mundo do comércio eletrônico deve muito à Amazon, por ter desbravado esse mercado de forma proativa. Foram anos operando no vermelho, burilando a operação, criando novos atributos, ampliando seu portfólio de ofertas. A Amazon deu certo, muito certo!

Em setembro de 2018, se tornou a segunda empresa do mundo a atingir o valor de mercado de US\$1 trilhão, feito alcançado um mês antes pela Apple. Quando abriu o capital, em 1997, a Amazon foi avaliada em menos de US\$500 milhões. Uma megavalorização que chancela a trajetória proativa da empresa.

Empresas com DNA reativo exibem trajetórias bem mais modestas. Preferem reagir e vão se adaptando à competição. Competem pela melhor posição possível no cenário presente, mas sempre correndo o risco de ser atropeladas pelas mudanças incessantes do mundo 4.0.

Em ambientes digitais, o ecossistema de inovação desafia continuamente os parâmetros funcionais e operacionais dos negócios estabelecidos. Maturidade não é garantia de sucesso. O surgimento do modelo de *plataforma de negócio* revolucionou estruturas organizacionais. Uber, Airbnb, Google, Amazon, eBay, Alibaba e Spotify nada mais são do que plataformas de acesso a produtos e serviços. Simplesmente não existiriam sem o conceito de plataforma.

No livro *Plataforma: A revolução da estratégia* (HSM, 2016), os autores Geoffrey Parker, Marshall Alstyne e Sangeet Choudary exploram o "poder da plataforma" e mostram como esse novo modelo de negócio está impactando mercados tradicionais, como o setor de hotelaria, por exemplo, com a entrada do Airbnb. O conceito de cadeia de valor linear cede lugar a um ecossistema marcado por intensa troca de valor entre produtores e consumidores ávidos por conveniências, tais como fácil acesso, serviços de qualidade e preços justos.

Não é sem razão, por exemplo, que a plataforma Spotify, serviço de *streaming* musical, conquistou mais de 60 milhões de assinantes e tornou-se líder de mercado. Foi justamente o conceito de plataforma que viabilizou o crescimento desse serviço superconveniente.

Antecipação de mercado na era 4.0

Nesse ambiente de mudanças extremamente velozes, qualquer descuido é fatal. Para se antecipar ao mercado, as empresas proativas acionam radares inteligentes, para captar constantemente sinais de mudanças no ambiente externo. Não é preciso ter muito conhecimento sobre marketing para saber que em 2030 haverá milhares de carros autônomos circulando pelas grandes cidades do planeta, mas é essencial rastrear agora como essa megatendência afetará o comportamento dos consumidores de várias categorias de produtos e serviços.

Assim, na era 4.0, a todo instante novas informações devem ser incorporadas à inteligência de marketing das empresas. A boa e velha matriz SWOT é um retrato que envelhece por hora. Radares são sempre mais inteligentes, porque mostram cenas de um filme cujo final vai se descortinando aos poucos, à medida que as informações são analisadas (vide Apêndice 2).

Em ambientes de mudanças não lineares, quanto mais bem informada for a empresa, mais inteligente será na construção de imagens e cenários de mercado. Essa inteligência preditiva abre perspectivas para a construção de estratégias proativas de mercado.

Outro atributo valioso nesses novos tempos é a velocidade na execução das estratégias. As empresas mais rápidas e inteligentes podem vencer as lentas e gigantescas. Como bem disse Klaus Schwab, fundador e presidente do Fórum Econômico Mundial: "Neste novo mundo, não é o peixe grande que come o peixe pequeno; é o peixe rápido que come o peixe lento".

À agilidade soma-se a simplicidade para inovar e vencer batalhas de mercado nesses novos tempos. De repente, uma startup pode ameaçar modelos de negócios até então vitoriosos. Foi o que aconteceu com a "pequena" Dollar Shave Club, comprada pela Unilever em 2016 por US$1 bilhão depois de abocanhar 5% do mercado norte-americano de lâminas de barbear com um modelo de negócio baseado em assinatura mensal. A proposta de valor inovadora foi baseada em uma oferta simples (lâminas sem sofisticação), fácil de acessar, com entregas rápidas e preço convidativo.

O que fica evidente é que o sucesso do passado não garantirá vitória no futuro. Para antecipar mercados é preciso ousar mais. Se o pensamento reativo ou adaptativo predominar na empresa, o máximo que se consegue são melhorias incrementais, ou seja, fazer mais do mesmo, reagindo aos clamores mais imediatos dos clientes ou às ações dos concorrentes.

Convenhamos, essa receita incremental não é sustentável em um mundo que se transforma rapidamente pela força invisível e devastadora da revolução digital. Na perspectiva da gestão estratégica, o passado, o presente e o futuro devem ser bem dosados para fazerem a inovação acontecer.

Como enfatizou o guru da inovação, Vijay Govindarajan, em seu mais recente livro, *A estratégia das três caixas* (HSM, 2016), as empresas devem gerenciar bem três perspectivas:

- *"Esqueça o passado: abra mão de valores e práticas que hoje impulsionam a empresa, mas prejudicam seu futuro"* (Caixa 1);

- *"Gerencie o presente: otimize o negócio atual"* (Caixa 2);

- *"Crie o futuro: invente um modelo de negócio"* (Caixa 3).

As empresas mais proativas e inovadoras lidam de forma equilibrada com essas "três caixas", extraindo o melhor de cada perspectiva. Esse equilíbrio garante a construção de estratégias de antecipação na era da transformação digital.

Fazendo um paralelo entre a gestão estratégica das três caixas (proposta por Govindarajan) e o nosso modelo de proatividade empresarial, existem três grandes desafios a serem superados pelos estrategistas para apoiar a antecipação de mercado na era 4.0:

- **aprender com o passado:** a era 4.0 exige novas competências técnicas de gestão e atitudes mais ousadas em relação a riscos, mas há sempre um legado de valores essenciais que a empresa não pode negar e deve manter, para apoiar a construção de um novo modelo de negócio;

- **domar a pressão do curto prazo:** costumamos dizer que a "ditadura do curto prazo" pode deixar a empresa perigosamente refém do presente, cegando-a diante do futuro; o presente é o momento de extrair resultados, mas a visão de longo prazo será sempre um motor de avanço, na era da transformação digital, para sustentar projetos de inovações proativas (aquelas que vão além da melhoria incremental);

- **visualizar realidades futuras de mercado:** como já afirmamos, a análise SWOT é um retrato estático, enquanto a dinâmica da transformação digital requer acompanhamento sistemático. Empresas proativas 4.0 acionam radares inteligentes para rastrear todos os sinais de mercado que emanam de direções diversas: das tecnologias ofertadas no mercado, do ambiente competitivo (em que atuam vários agentes, como canais, competidores, fornecedores e reguladores) e do comportamento dos clientes (preferências e necessidades mudam a todo instante).

É inegável que a dinâmica frenética da era digital traz inquietações. Mas também abre inúmeras oportunidades de inovação, nunca antes pensadas. Elas estão aí para ser aproveitadas pelas empresas proativas 4.0, que têm ambição estratégica para se antecipar ao mercado.

Gostamos de afirmar que o caminho para vencer nessa nova era não é simplesmente "ser digital amanhã", mas "ter a perspectiva digital como uma fonte de inovação", capaz de viabilizar mudanças no modelo de negócio. A competição, no presente e no futuro, não é mais baseada apenas na oferta de melhores produtos ou serviços, mas em modelos de negócio inovadores.

Reatividade e proatividade

Uma ressalva importante: a proatividade não substitui a reatividade. Ser reativo em relação ao mercado continua e continuará sendo uma opção estratégica eficaz em muitas ocasiões. Mas impõe-se uma advertência: no ambiente de transformação digital, posturas reativas podem trazer danos enormes quando a reação é tardia.

Sempre será importante se adequar ao mercado, não há nenhuma dúvida. A questão, contudo, é quando a postura reativa se transforma na única estratégia perseguida. O problema não é propriamente o remédio, mas, sim, a intensidade da dose. Gostamos de dizer que na construção estratégica, assim como na vida, vale a máxima: "nada mais perigoso do que uma ideia quando é a única que temos".

Isso tem uma explicação simples: quanto mais as empresas são reativas em relação ao mercado, mais elas se parecem; quanto mais se parecem, menos atraentes e relevantes acabam sendo. Como carros que passam a andar de forma muito vagarosa em um engarrafamento, empresas que seguem apenas respondendo ao mercado acabam obstruindo-se e atrapalhando umas às outras. O problema não é ser reativo, o problema é ser "somente" reativo.

> *Quanto mais as empresas são reativas em relação ao mercado, mais elas se parecem; quanto mais se parecem, menos atraentes acabam sendo.*

Imagine o mercado como um jogo com regras pré-estabelecidas. Nesse contexto, você tem duas opções: ou se esforça para ser o melhor jogador e trata de aprender rapidamente as regras de um jogo criado por outros, ou cria um jogo novo, com regras que você estabeleceu. Empresas de sucesso têm preferido a segunda opção. Isso porque quem cria novas regras é, em geral, quem mais tira proveito delas.

Acreditamos que hoje não é mais suficiente ser apenas reativo, e a realidade que examinamos tem nos mostrado isso. Empresas "melhores da classe" denotam, claramente, que é preciso também orientar o mercado, moldá-lo aos interesses da empresa, transformando as condições do ambiente de negócios.

Em resumo, empresas proativas vão além da simples adaptação às condições do mercado. Elas buscam antecipar as mudanças, agindo antes de serem forçadas a agir. Essa é a diferença fundamental entre a proatividade de mercado e a reatividade de mercado. Isso porque:

> Enquanto as empresas reativas tratam de aprender as regras do jogo competitivo (que outras empresas criaram), as proativas entendem que essas regras não são fixas, e, assim, podem ser mudadas por meio de uma escolha estratégica.

A empresa proativa 4.0

Como vimos, na era da transformação digital, as empresas vencerão pela agilidade, inteligência e flexibilidade. Agilidade na captação de informações internas e externas para entender e acompanhar o passo das mudanças, inteligência para processar bilhões de dados (*big data analytics*), e flexibilidade para inovar, abandonar práticas do passado, explorar bem o presente e redefinir o novo modelo de negócio para vencer no futuro. Esse é o *roadmap* da empresa proativa 4.0.

A realidade é mutante no mundo digital. Como dissemos, a cada instante clientes geram dados nas interações com a empresa e em outras plataformas de relacionamento. As empresas proativas 4.0 têm vantagens na análise dessas informações, usando a inteligência artificial. Máquinas aprendem modelos analíticos com imensa precisão e prescrevem ações de marketing de retorno crescente. Ao mesmo tempo, liberam pessoas para projetos inovadores no relacionamento com clientes.

Em consequência, novas habilidades na gestão da experiência dos clientes serão exigidas das empresas proativas 4.0. As máquinas aprendem com extrema inteligência, mas nada criam, então a saída estratégica é ser melhor do que elas exatamente nisso: criatividade. Pense nisto: máquinas devem tornar as empresas mais *high touch*. Isso significa liberar pessoas para estar mais próximas dos clientes e proporcionar-lhes experiências extraordinárias. Esse é o verdadeiro diferencial competitivo na era digital.

Algoritmos poderosos continuarão sendo importantes, mas a visão humanizada e holística da experiência do cliente dividirá as empresas entre dois grupos: as empresas *centradas no produto* e as empresas *centradas no cliente*. Não é difícil imaginar que grupo será vencedor na era 4.0. Tecnologias acessíveis a todos os competidores nivelam as funcionalidades e a qualidade intrínseca dos produtos.

Daí, entender bem de produto e ser *high tech* não é mais uma vantagem competitiva sustentável na era 4.0.

Nossos estudos no campo da proatividade empresarial, iniciados há dez anos, nos permitiram identificar características fundamentais que diferenciam as empresas proativas das empresas reativas (Tabela 1-1). Na era 4.0, essas características continuam sendo vitais e se mesclam às novas habilidades comentadas anteriormente.

TABELA 1-1

Diferenças fundamentais entre a empresa reativa e a empresa proativa

Empresa Reativa	Empresa Proativa
Afeita à dinâmica linear.	Afeita à dinâmica exponencial.
É descritiva no uso de dados (entende o que aconteceu).	É preditiva no uso de dados (entende o que vai acontecer).
Reage à transformação digital e vai se adaptando às mudanças.	Antecipa-se à transformação digital e cria mudanças.
Usa tecnologias para reagir rapidamente e manter clientes.	Usa tecnologias para se antecipar aos clientes e encantá-los.
Encara o futuro como algo a ser previsto. "O futuro acontece amanhã."	Encara o futuro como algo a ser construído. "O futuro acontece hoje."
Busca ser o melhor jogador.	Busca quebrar as regras do jogo.
"Defende" mercados.	"Define" mercados.
Ouve o mercado.	Fala ao mercado.
Segue o mercado.	Guia o mercado.
Palavras-chave: Adaptação, Resposta, Adequação, Complacência, Defesa, Contingência, Reação, Determinismo, Conformismo, Necessidade	Palavras-chave: Antecipação, Criação, Condução, Transformação, Escolha, Influência, Estímulo, Voluntarismo, Iniciativa, Oportunidade
Lema: "Ver para crer."	Lema: "Crer para ver."

A lógica 4.0 veio para marcar uma era em que tudo acontece de forma exponencial: a velocidade das mudanças no ambiente tecnológico, a geração de dados na internet, a taxa de crescimento de startups bem-sucedidas.

> *A mudança constante é a única certeza. O passo evolutivo linear do mundo industrial não existe mais.*

A dinâmica agora é outra: empresas exponenciais surgem no cenário competitivo para desafiar arquiteturas empresariais rígidas e práticas de gestão consagradas em eras passadas.

No instigante livro *Organizações exponenciais: Por que elas são 10 vezes melhores, mais rápidas e mais baratas que a sua (e o que fazer a respeito)* (HSM, 2015), Salim Ismail, cofundador e diretor executivo da Singularity University, explica como e por que as "organizações exponenciais" (ExO) são disruptivas e ameaçadoras, sendo capazes de transformar os mercados em que atuam.

A noção tradicional de concorrência nunca esteve tão em xeque como agora. Gigantescas corporações podem ser ameaçadas por um novo modelo de negócio forjado por uma startup em algum lugar do planeta. Na nova era digital, a geografia importa pouco para acessar e atrair milhões de consumidores.

A tecnologia da informação é o motor que impulsiona as empresas exponenciais, e o uso intensivo de informações permite que elas sejam muitas vezes mais enxutas em sua estrutura, mais rápidas em sua operação e mais inteligentes nas análises preditivas e ações prescritivas, quando comparadas às empresas que operam sob a lógica linear.

Empresas exponenciais carregam o DNA da proatividade e se antecipam ao mercado com propostas de valor disruptivas. Como fez o Nubank, no mercado de cartões de crédito, atraindo milhares de novos consumidores e surpreendendo concorrentes estabelecidos há anos no setor (abordaremos esse caso mais adiante).

No mundo 4.0, novas habilidades de gestão são demandadas. O turbilhão de mudanças da era digital tem, ao mesmo tempo, o poder de impulsionar ou de triturar empresas. Empresas proativas 4.0 escapam das armadilhas do presente e dele não se tornam reféns. Assim, vencerão a corrida rumo ao futuro.

INSIGHT 4.0

O FIM DA CIVILIZAÇÃO DO AUTOMÓVEL?

Quem, em um futuro próximo, precisará ter carro próprio? A pergunta parece soar um tanto sem sentido hoje, mas o radar da mudança do setor automobilístico não para de pulsar. O que ele está anunciando?

Foi-se o tempo em que fazer a autoescola e conquistar a CNH era o sonho dos jovens recém-saídos da adolescência. Hoje essa geração parece dar muito mais valor para smartphones, tablets e viagens ao exterior. A posse de um caro está lá na quarta, quinta colocação no ranking dos sonhos de consumo.

Aplicativos de carona compartilhada, Uber e meios de transporte ecológicos e politicamente corretos, como a bicicleta, são hoje produtos substitutos do velho e bom automóvel, essa é a verdade. Os dados corroboram esses fatos: de 2014 a 2018, a emissão de carteiras de habilitação caiu 32% em todo o país, segundo dados do Departamento Nacional de Trânsito (Denatran). Ainda, a idade média dos novos condutores aumentou significativamente, chegando em 2014 a 27 anos.

Mais dados: a consultoria Box 1824 ouviu 3 mil jovens entre 18 e 24 anos em 146 cidades brasileiras em junho de 2018. Resultado: apenas 3% deles apontou o carro como prioridade de compra. Nos EUA, pesquisa da Rockefeller Foundation com jovens na mesma faixa etária relatou que 75% dos entrevistados gostariam de viver em um lugar em que não precisassem ter carro.

Outra pesquisa, realizada em 2015 no Reino Unido pela empresa Prophet, mostrou um dado arrebatador: 65% das pessoas entre 18 e 34 anos preferem um smartphone de última geração a um automóvel novo. Um cenário de mercado alentador para Apple, Samsung e outros *players* do mercado de smartphones, mas nem tanto para os tradicionais gigantes da indústria automobilística.

A importância do carro é cada vez menor para as novas gerações, isso é fato, e tecnologias potenciais como a do carro autônomo ajudam a reforçar essa nova visão. Carros sem motorista, conectados pelo celular, poderão, em um amanhã muito próximo, apanhar os passageiros em determinado local, deixando-os no destino e ficando livre para os próximos usuários.

Para que ter carro em um mundo assim? Por que pagar IPVA, seguro, combustível, estacionamento, e ainda correr o risco de ter o veículo multado, amassado, roubado? O modelo de negócio da indústria automobilística mudou: de fabricantes de carros, as montadoras terão de se transformar em provedoras de mobilidade, caso contrário, correm sério risco de ficarem pelo caminho. Google, Amazon e Apple são gigantes que já estão de olho no promissor mercado de carros autônomos, e estima-se que em 2030 eles representarão 15% da frota mundial.

A era 4.0 está quebrando paradigmas na poderosa indústria automobilística e a transformará radicalmente nos próximos anos. Seja pelo uso de novas tecnologias, que viabilizarão a utilização em larga escala dos carros autônomo, seja pela mudança de comportamento dos consumidores, cada vez mais seduzidos pela conveniência de aplicativos como Uber, menos presos à posse e mais afeitos ao uso de carros compartilhados.

Uma reportagem da revista *Isto É Dinheiro,* de setembro de 2016, intitulada "A Reinvenção das Montadoras" trouxe dados e fatos que justificam plenamente esse título. Para as empresas proativas 4.0, a transformação do setor traz muitas oportunidades de novos negócios. Para as mais reativas, ainda presas à dinâmica de um passado próspero da indústria, o novo cenário que desponta, suscitado pela revolução digital, certamente está tirando o sono de seus executivos. Confira alguns dados:

- "Serviços de compartilhamento de veículos, aplicativos e conectividade vão acrescentar US$1,5 trilhão ao negócio das montadoras até 2030";

- "O ritmo de crescimento da venda de veículos novos cairá de 3,6%, nos últimos 5 anos, para 2% em 2030";

- "Mais de 1 a cada 10 veículos novos vendidos será compartilhado em 14 anos";

- "Mais de 15% dos carros vendidos em 2030 serão autônomos, e até 50% serão movidos a eletricidade".

Quem serão os protagonistas da indústria do automóvel nos próximos anos? Que empresas conseguirão se adaptar rapidamente ao novo cenário? Quais serão as empresas proativas 4.0 que revolucionarão esse mercado? Incertezas, ameaças e oportunidades moram nessa encruzilhada.

Veremos, em breve futuro, que empresas escolheram a estrada certa.

Antecipando Mercados

Antecipação, essa é a palavra-chave da proatividade de mercado. A proatividade é uma ação de antecipação à mudança. Trata-se de agir antes de a transformação surtir efeitos, ou de até mesmo iniciá-la de forma deliberada. Ser proativo, portanto, significa causar a mudança, antecipando-a, em vez de esperar pela sua ocorrência para reagir.

Na era da transformação digital, a antecipação de mercado representa um enorme desafio. A dinâmica das mudanças é tão veloz e intensa, que as empresas precisam lançar mão de avançadas ferramentas de inteligência competitiva para obter e analisar dados e informações sobre comportamento dos consumidores, ações dos competidores, avanços tecnológicos no ecossistema do setor e alterações no marco regulador. Assim, o que diferenciará as empresas no quesito *inteligência competitiva* é a capacidade de acessar informações mais valiosas e de analisá-las, dinamicamente, com o apoio de computação cognitiva. Nesse sentido, os estrategistas de mercado devem criar projetos para a inserção estratégica do marketing da empresa na perspectiva do *big data analytics*, que se traduz na capacidade de analisar dados gerados dentro e fora da empresa, em grande volume, variedade e com enorme velocidade. Daí muitos *insights* valiosos podem surgir para a inovação em produtos e articulação de abordagens diferenciadas de comunicação.

Considere esse contexto no mercado bancário. Basta fazer uma rápida pesquisa no Google para comprovar que a geração dos millennials não valoriza o pacote tradicional de oferta do setor e deseja relacionamento e experiências de consumo bem diferenciados. Centenas de conteúdos serão exibidos mostrando essa realidade, que também pode ser comprovada por pesquisas em diversos países.

No caso específico de serviços de *internet banking* na vida dos millennials brasileiros, alguns dados de pesquisa são sintomáticos e representam um tremendo desafio para os próximos anos. O relatório "A mente e o bolso do millennial", desenvolvido em 2017 pelo instituto Harris Insights & Analytics, revela que metade dessa geração de jovens alega que os bancos estabelecidos não atendem a suas expectativas de consumo nas transações online.

Surge então um desafio estratégico para os grandes bancos: analisar mais profundamente a geração dos millennials para antecipar preferências e necessidades desse promissor segmento de mercado. Dentro das grandes tendências conhecidas por todos sempre há sinais valiosos de mercado que apontam alguns rumos específicos. Costumamos dizer que há "tendências dentro de tendências".

É uma espécie de mapa oculto que as empresas mais proativas conseguem desvendar. Ou um quebra-cabeças dinâmico que vai apontando diferentes possibilidades de formação de imagens a cada peça que a empresa encaixa, ou seja, os sinais de mercado capturados através do monitoramento de milhões de conteúdos postados nas redes sociais e em outros ambientes de interações online.

COMO O NUBANK SE ANTECIPOU AO MERCADO E CONQUISTOU OS MILLENNIALS

O mercado brasileiro de cartões de crédito e débito registrou em 2018 mais de 18 bilhões de transações, e o movimento financeiro passou de R$1,5 trilhão, o maior desde 2014 (dados da *Abecs — Associação Brasileira de Cartões de Crédito e Serviços*). É o "dinheiro de plástico" presente na vida de milhões de consumidores.

Em geral, os competidores do setor operam há anos com condições muito similares em taxas, tarifas e pacotes de serviços. Com isso, a experiência de milhões de consumidores acaba sendo nivelada em um padrão operacional mediano e pouco inovador, em que a jornada do cliente é vista com as mesmas lentes por todos os *players* do mercado.

Em 2013, três empreendedores — David Vélez, Edward Wible e Cristina Junqueira — resolveram desafiar as regras do jogo nesse setor e fundaram o Nubank. Em abril de 2014, iniciaram um "*beta* teste para *friends and family*", e em setembro daquele ano aconteceu o lançamento para o público.

Surgia então no mercado um cartão de crédito de cor bem diferente e com uma proposta de valor inovadora:

Experiência totalmente digital através de aplicativo (desde o momento de pedir o cartão até toda a gestão das compras, limite e faturas);

Acompanhamento de compras em tempo real;

Atendimento humanizado por chat, e-mail, redes sociais e telefone;

Sem cobrança de taxa de anuidade e de tarifas.

Foi o bastante para atrair rapidamente milhões de clientes ávidos por uma nova experiência de uso no mundo online. Mais de 8 milhões de pessoas já pediram seu cartão Nubank, e milhares aguardam na lista de espera. Cerca de 70% dos usuários têm menos de 36 anos (millennials), sendo a maioria das classes A/B.

Por que o Nubank fez tanto sucesso e provocou reações de competidores fortes e dominantes no setor? Certamente, a isenção de taxa de anuidade e de tarifas é um fator, mas seria uma análise muito limitada atribuir seu sucesso apenas a esses mimos financeiros.

O que está por trás do sucesso do Nubank é um olhar proativo e diferenciado para a experiência do cliente e um entendimento claro de anseios de consumo, até então não atendidos por um setor maduro e pouco inovador. E por que atraiu de forma maciça os millennials?

É fácil entender as razões quando olhamos para a proposta de valor Nubank. Todos os seus atributos conversam com as experiências dos millennials nas interações em redes sociais. O Nubank foi capaz de interpretar uma grande tendência (jovens com aversão a serviços financeiros tradicionais) e criou uma oferta que antecipou preferências e necessidades de consumo no segmento de cartões de crédito.

Os diferenciais do Nubank não se limitam às inovações do aplicativo, com suas facilidades e conveniências de uso. O planeta está inundado de aplicativos interessantes e criativos. Gostamos de dizer que o bom teatro sempre começa e termina atrás do palco. No mundo online, sobretudo quando falamos de competição em mercados maduros, aplicativos representam apenas uma face de modelos de negócio inovadores.

Uma coisa é o *front end*, isto é, as conveniências oferecidas ao usuário (com apenas um clique compra-se um livro no Kindle da Amazon) e o *back end*, ou seja, todos os processos operacionais de suporte. Outra coisa bem diferente é o *mindset* das pessoas, a cultura organizacional que fomenta e sedimenta o desenvolvimento de um modelo de negócio inovador.

A essência do Nubank é forjada por uma cultura que alimenta a inovação e tem como um dos alicerces a *diversidade*. Um dos maiores inimigos da inovação é o que costumamos explicar assim: todos iguais tentando fazer algo diferente. Confira alguns aspectos que revelam traços da cultura do Nubank:

- Equipes de trabalho formadas por pessoas jovens e com *mindset* internacional e global (brasileiros, indianos, canadenses, australianos, norte-americanos, holandeses, entre outras 25 nacionalidades, formando um amálgama de vivências e visões de mundo).

- Grande presença da comunidade LGBT (cerca de 30% da equipe) e alta participação de mulheres (40%) em todas as funções e níveis de senioridade.

- As funções de desenvolvimento e atendimento são desempenhadas por funcionários internos (nada é terceirizado).

- De acordo com o site *LoveMondays* — que compara empresas nas quais trabalhar —, Nubank é a empresa mais bem avaliada pelos seus funcionários, independentemente do setor em que trabalham.

O Nubank exibe uma trajetória exitosa de crescimento em apenas quatro anos de operação, um desempenho que condiz muito com a dinâmica das organizações exponenciais. Enquanto cresce no negócio principal de cartão de crédito, a empresa avança na cadeia de valor dos bancos, oferecendo serviços como conta corrente, entre outros.

As apostas de investidores no modelo de negócio Nubank são representativas. Elas credenciam a empresa como uma promessa *premium* entre milhares de *fintechs* criadas nos últimos anos em várias partes do mundo. Investidores do Vale do Silício, nos EUA, e de outros ecossistemas já aportaram mais de US$150 milhões nesse negócio idealizado há apenas cinco anos.

Em 2018 o valor de mercado do Nubank ultrapassou US$1 bilhão de dólares, transformando a *fintech* em mais um unicórnio brasileiro.

O caso Nubank descortina uma história de antecipação de mercado no mundo 4.0 e nos ensina lições essenciais para vencer nesta nova era. A empresa apostou em um modelo diferenciado de negócio, apoiado por *mindset* inovador e muita tecnologia aplicada à sua proposta de valor. Tudo isso em função de um propósito bem claro: oferecer soluções simples, cercadas de muita conveniência, aos usuários de serviços financeiros.

O mecanismo da antecipação de mercado

Para entendermos melhor como o mecanismo da antecipação funciona na prática, elaboramos o diagrama a seguir.

FIGURA 2-1

Como a antecipação funciona na prática

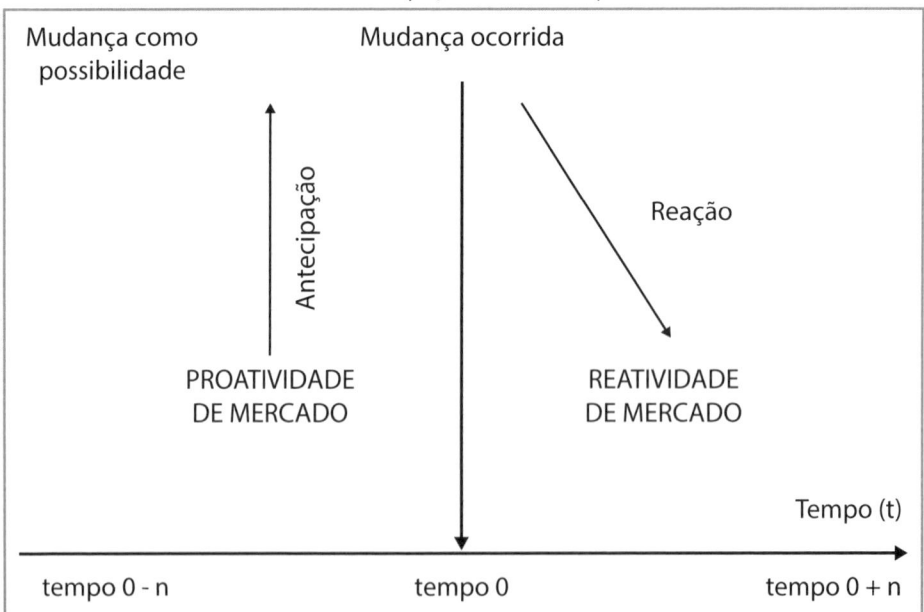

O momento da mudança

Repare na figura: a antecipação — e, em consequência, a proatividade de mercado — ocorrerá sempre e tão somente em período de tempo (t) anterior ao momento da mudança (0), descrito como (tempo 0-n). É como se a empresa trouxesse o momento para antes de sua própria ocorrência. Em contrapartida, toda ação estimulada pelo momento da mudança, surgida após a sua ocorrência (tempo 0+n), perfaz o movimento reativo típico.

A reatividade de mercado é um processo claro de estímulo e resposta. Repare no sentido da seta: a ocorrência da mudança dispara a ação retardada, ou seja, uma reação. Assim, empresas reativas agem somente quando são forçadas a agir, quando a mudança já ocorreu, quando a transformação já aconteceu e não resta mais nada a fazer a não ser responder a seus efeitos. Em resumo, a antítese da resposta antecipada é a resposta reativa (reatividade), a qual acontece invariavelmente no passado. É essa a sutil e crucial diferença entre responder antes da mudança ou depois. Uma diferença pequena, mas de grande impacto sobre o sucesso competitivo das empresas.

Se a reação age sobre a mudança ocorrida, a antecipação atua sobre a mudança ainda enquanto possibilidade. Podemos dizer que a antecipação ocorre sempre na latência da mudança, enquanto a reatividade acontece sempre após sua manifestação.

Uma empresa será proativa se souber antecipar a mudança do mercado, respondendo aos sinais antes da concorrência ou criando ela própria a mudança de forma intencional. É por isso que definimos a proatividade de mercado como *a capacidade de antecipar a mudança no mercado, criando-a de forma deliberada ou agindo sobre seus primeiros sinais*. Uma estratégia proativa de mercado envolverá sempre uma ação antecipatória orientada para a transformação.

> *A proatividade de mercado é a capacidade da empresa de antecipar a mudança no mercado, criando-a de forma deliberada ou agindo sobre seus primeiros sinais.*

O CASO XP INVESTIMENTOS E ITAÚ UNIBANCO: ENTENDENDO MOVIMENTOS PROATIVOS E REATIVOS

A história da XP Investimentos começa em 2001 na capital gaúcha. Dois jovens empreendedores, Guilherme Benchimol e Marcelo Maisonnave, fundaram uma empresa de agentes autônomos de investimentos. A empresa era um intermediário entre as corretoras de valores e os clientes investidores — e tinha um objetivo de negócio muito claro: conquistar pessoas físicas para investirem na bolsa de valores.

A trajetória inicial do negócio foi marcada por dois anos de muitas dificuldades. As visitas de prospecção realizadas pelos dois empreendedores geravam poucos negócios. Em 2002, com as incertezas dos cenários político (eleição de Lula à presidência) e econômico (dólar em alta e bolsas em queda), havia, obviamente, um ceticismo enorme das pessoas em relação ao mercado de ações: por desconhecerem as nuances desse mercado, investir nele era considerado algo muito arriscado, uma aposta no escuro. No início de 2003, os fundadores chegaram a pensar em desistir do negócio.

A história começou a mudar quando resolveram ofertar cursos para ensinar as pessoas a investir em ações. Bingo! Foi um lance proativo: a XP se antecipou ao mercado e inovou em sua proposta de valor baseada em educação financeira. Os cursos passaram a ser o principal canal de atração e conquista dos clientes, um modelo de negócio que se revelou bastante eficiente à época, turbinando a carteira de investidores.

Pela avenida da educação financeira, a XP avançou firme e cresceu a passos largos. Em 2006, criou a XP Gestão de Recursos, uma empresa com foco na gestão de fundos de investimentos. A partir de 2007, passou a atuar como corretora, e continuou crescendo de forma consistente e acelerada, realizando incorporações e ampliando seu portfólio de opções de investimentos. Foram dez anos de consolidação de um modelo de negócio proativo e inovador para os padrões do mercado financeiro no Brasil, onde há enorme concentração dos investimentos nas mãos dos bancos.

Inspirando-se no modelo de negócio da gigante norte-americana Charles Schwab (uma corretora de valores independente, fundada nos anos 1970, com um forte DNA de assessoria financeira aos clientes), a XP se tornou uma megaplataforma independente. Ofertava várias opções de ativos para investidores, um verdadeiro "shopping financeiro" de fácil acesso online e com assistência e aconselhamento financeiro realizados por milhares de agentes autônomos credenciados.

A estratégia proativa da XP foi construída sob o lema da "desbancarização dos investimentos". O que foi um trunfo para a XP Investimentos representava um enorme pesadelo para os bancos, que passaram a amargar uma sangria de recursos aplicados em suas plataformas fechadas de investimentos. Milhares de clientes, atraídos por uma ampla gama de opções de investimento e taxas atraentes, estavam transferindo seus recursos para a XP.

Sabemos que estratégias proativas de mercado provocam reações dos competidores. Em 2016, a estratégia reativa do Itaú Unibanco foi o lançamento da *Plataforma Itaú 360*, por meio da qual o banco abriu seu portfólio e passou a oferecer produtos de outros gestores de investimentos. Com essa nova oferta, o Itaú Unibanco claramente buscava estancar a perda de clientes para a XP e também pretendia atrair não correntistas, uma reação necessária para a defesa de *market share*.

Em entrevista ao jornal *Valor Econômico*, edição de 24 de maio de 2018, o presidente do Itaú Unibanco, Cândido Bracher, confirmou o movimento reativo do banco: "Nós vimos a XP ficar mais forte para competir com o setor bancário. Perdemos depósitos para a XP todos os meses... E a XP fez com que os bancos mudassem. Abrimos nossa plataforma de investimentos, criamos o Personnalité 360. Enfim, essas mudanças na economia, essas inovações, são boas para o sistema. Obrigam todo mundo a melhorar".

Em maio de 2017, outro lance do Itaú Unibanco, desta vez proativo. Por R$5,7 bilhões, o maior banco brasileiro comprou 49,9% das ações da XP investimentos. A negociação manteve os atuais sócios e fundadores na gestão da empresa e preservou sua autonomia de mercado. Em outras palavras, apesar de sócios, XP e Itaú continuam competindo na conquista de investidores.

Por que consideramos proativo esse segundo lance do Itaú Unibanco? Com a compra da XP, o banco se antecipou à onda de forte crescimento das plataformas digitais de investimentos. Ou seja, sendo sócio da maior e mais ousada plataforma, garantiu, desde já, uma posição de player relevante no futuro desse mercado. Atualmente, apenas cerca de 5% dos investimentos de pessoas físicas no Brasil são feitos fora da rede bancária, mas as previsões acenam para um aumento significativo desse percentual nos próximos anos. Isso significa que os bancos continuarão perdendo *market share* para as plataformas digitais independentes, porque são incapazes de replicar com a mesma eficiência seu modelo de negócio. O Itaú Unibanco visualizou uma realidade futura de mercado e se antecipou, tornando-se sócio minoritário da XP Investimentos.

Em outro trecho da mesma entrevista ao jornal *Valor Econômico*, o presidente do Itaú Unibanco reforça a nossa tese sobre o movimento proativo do banco: "A XP tem um modelo essencialmente diferente dos bancos. É uma forma de atuação em que você é muito especializado em um tipo de produto e você tem vários especialistas, analistas e agentes comerciais atendendo os clientes com grande profundidade nesse produto. Não é algo que um banco possa reproduzir com grande profundidade nesse produto. Não é algo que um banco possa reproduzir de maneira econômica. Vendo que essa modalidade tende a crescer e é algo que não somos capazes de reproduzir, e querendo participar do crescimento disso, nós dissemos: vamos investir. E fizemos a compra dessa participação minoritária na XP".

Esse caso evidencia a validade e a oportunidade de movimentos proativos e reativos, ao embalo da dinâmica competitiva do mercado. Depois de anos de pesquisas, estudos e consultorias no campo da proatividade de mercado, continuamos defendendo a seguinte tese:

> *Movimentos reativos não representam a antítese negativa de movimentos proativos.*

Por sua vez, os movimentos proativos podem não representar a melhor alternativa do ponto de vista financeiro. Além disso, deve-se levar em consideração a estrutura e o grau de maturidade e de consolidação de cada mercado, para uma avaliação das vantagens e desvantagens de ambas as posturas.

Entretanto, uma variável estratégica deve ser considerada quando analisamos movimentos reativos e proativos: o momento da ação. Equivale a dizer, por exemplo, que movimentos reativos muito tardios, em ambientes de transformações velozes e profundas, como o da era 4.0, podem resultar em perda de recursos ou de preciosas fatias de *market share*.

Por sua vez, movimentos proativos — que trazem inovações disruptivas e criam novos mercados — devem ser orquestrados com visão de longo prazo, prevendo-se pesados investimentos em educação dos consumidores e também na própria curva de experiência necessária para consolidar o novo negócio. A Amazon, por exemplo, representa um caso emblemático de maturação de um modelo de negócio disruptivo. A operação da empresa demorou longos anos para sair do vermelho. Em sua trajetória, a Amazon deixou de ser uma empresa especializada na venda online de livros e se transformou em uma gigantesca plataforma *marketplace* com oferta de milhares de produtos, um autêntico "bazar de tudo" da era digital.

Voltando ao "momento" da implementação de estratégias proativas ou reativas de mercado, algumas análises complementares são pertinentes. Por exemplo, no caso XP/Itaú, não podemos afirmar categoricamente que o movimento de reação do Itaú, ao criar sua plataforma aberta de investimentos *Itaú 360*, foi tardio. Obviamente, qualquer antecipação desse movimento seria benéfica, já que a estratégia do produto *Itaú 360* visava conter a migração de recursos para a XP e outras plataformas independentes.

Da mesma forma, não temos evidências específicas para sustentar que o lance proativo de compra de uma parcela da XP Investimentos deveria ter sido antecipado, gerando menos desencaixe financeiro. As negociações entre as partes evoluíram em paralelo ao movimento de abertura de capital da XP na bolsa de valores.

O fato é que, se a empresa antecipar, tenderá a tirar alguma vantagem financeira e/ou operacional, desde que a execução da estratégia seja bem orquestrada. Algumas evidências sustentam esse raciocínio genérico.

Se o movimento de reação é orquestrado para estancar, por exemplo, perda de clientes e, em consequência, de *market share*, convém antecipá-lo. O fluxo de caixa agradece. Por sua vez, movimentos proativos de compra de empresas, ou de lançamento de novos produtos, poderão gerar menos inversão financeira e/ou mais caixa quando a empresa for capaz de antecipá-los, em sintonia com a dinâmica do mercado.

Assim, se sabemos que a era 4.0 é marcada por uma altíssima velocidade de mudanças, podemos concluir que o momento de pôr em prática estratégias reativas ou proativas será sempre crucial. Qualquer desatenção pode custar muito caro.

> *Portanto, só há uma receita prática para apoiar os estrategistas, envolvidos no turbilhão de mudanças: acionar radares bem inteligentes e analisar cuidadosamente os sinais de mercado.*

Os quatro tipos de empresas

A forma como cada empresa atua em relação aos momentos da mudança do mercado gera, de acordo com nossas pesquisas, quatro tipos distintos de instituições, que passamos a descrever.

A maneira como a empresa lida com o momento da mudança desaguará em diferentes orientações para o mercado. Enquanto algumas serão bastante voltadas à antecipação, outras, mais reativas, usualmente traçarão suas estratégias buscando responder às demandas ambientais. Outras, ainda, geralmente serão pegas de surpresa em relação à mudança, tardando a responder ao mercado ou mesmo ficando sem ação diante das dinâmicas do meio (lembre-se da Kodak). Essas diferentes orientações em relação à mudança do mercado acabam por caracterizar quatro tipos distintos de instituição, como mostramos na Figura 2-2.

FIGURA 2-2

A proatividade de mercado e os quatro tipos de empresas

	Orientação da empresa em relação ao mercado	
	Proativa	Reativa
Resposta ao mercado — Não	**Ativadoras**	**Aflitas**
Resposta ao mercado — Sim	**Atentas**	**Ajustadas**
	Antes da mudança	Depois da mudança
	Ação no tempo	

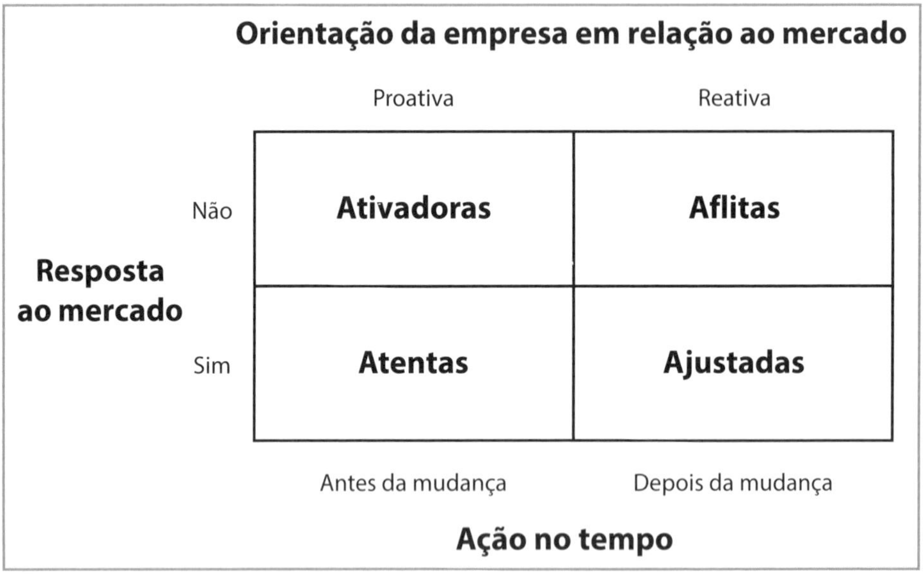

Veja o que ocorre com as *empresas aflitas* (quadrante superior direito da matriz). Elas não têm a habilidade de antecipar a mudança no mercado, e tampouco conseguem responder a tais mudanças, mesmo que de forma tardia. Em outras palavras, na maioria das vezes, não conseguem nem ao menos serem reativas, permanecendo na inércia e na passividade diante das dinâmicas do ambiente. Chamamos tais empresas de *aflitas* por refletirem as agruras oriundas de uma incapacidade de resposta aos movimentos do mercado. Se preferirmos, podemos dizer que a empresa aflita é uma reativa que não consegue nem ao menos responder (repare na matriz: embora adote uma orientação reativa, ela não responde ao mercado).

A pergunta subjacente às empresas aflitas é: *o que aconteceu?* (veja o box "As Quatro Perguntas Sobre a Mudança"). Essas empresas entram em estado de aflição por incapacidade, relutância ou indiferença. Diante da mudança, ficam na inércia por não terem recursos para se adaptar, ou por relutarem em aceitar uma nova realidade, ou até por dissimularem para si próprias que a mudança está acontecendo. Pense em algumas empresas que perderam espaços de mercado consideráveis ou até mesmo deixaram de existir: certamente você identificará um momento de aflição em sua trajetória.

Foi o que aconteceu com a Blockbuster. A gigantesca locadora de DVDs, fundada nos EUA em 1985, chegou a valer mais de US$5 bilhões e foi à falência em 2010 depois de enfrentar a concorrente Netflix, criada em 1997, com um modelo de negócio inovador baseado em assinatura mensal. Em 2000, três anos após o surgimento da Netflix, a Blockbuster recusou uma oferta de compra da rival por US$50 milhões.

Além dessa decisão míope, a Blockbuster sempre reagia tardiamente às inovações da Netflix. Somente em 2004 resolveu lançar seu serviço de assinatura de DVDs, ou seja, sete anos após a chegada da concorrente ao mercado. Em 2007, a Netflix mais uma vez foi proativa e lançou seu serviço de streaming (transmissão de filmes online), e com esse novo modelo de negócio digital, conquistou milhões de consumidores. Foi o prenúncio do fim para a Blockbuster, que entraria em bancarrota três anos mais tarde. Os bits venceram os átomos. (Esse caso está mais detalhado no Capítulo 6.)

AS QUATRO PERGUNTAS SOBRE A MUDANÇA

Empresa Aflita: *O que aconteceu?*

Empresa Ajustada: *O que está acontecendo?*

Empresa Atenta: *O que vai acontecer?*

Empresa Ativadora: *O que queremos que aconteça?*

É bom que se note que o comportamento das empresas aflitas constitui mais a falta de uma estratégia do que propriamente um posicionamento perante o ambiente (é por isso que falamos de três posicionamentos estratégicos e quatro tipos de instituições). Essa disfunção estratégica traz uma implicação fundamental para o entendimento da proatividade de mercado. Ela deixa claro que o extremo contrário da proatividade não é a reatividade, como na maioria das vezes se pensa. O extremo contrário da proatividade é a passividade, a inação, ou seja, a incapacidade de se adaptar às condições do ambiente. A reação ao mercado constitui um posicionamento estratégico típico, que em muitas situações pode se revelar a melhor escolha. A reatividade de mercado — como veremos a seguir — não é por si só negativa; depende de quando e sob que dose é aplicada.

> *O extremo contrário da proatividade não é a reatividade, como na maioria das vezes se pensa. O extremo contrário da proatividade é a **passividade**, a inação, ou seja, a incapacidade de se adaptar às condições do ambiente.*

Repare agora no que chamamos de *empresas ajustadas* (quadrante inferior direito da matriz na Figura 2-2). As ajustadas também agem somente depois da mudança ocorrida, mas o que faz a grande diferença é que conseguem efetivar essa ação. Geralmente buscam responder aos movimentos dos clientes, da concorrência e do ambiente como um todo quando os efeitos de tais dinâmicas já se fazem sentir de forma bastante intensa. Ou seja, agem somente quando são forçadas a isso.

É verdade que existem ajustadas extremamente rápidas, com uma capacidade de adaptação bastante eficaz, e em muitos casos essa adaptação veloz pode realmente constituir a melhor estratégia. O problema é que uma empresa ajustada estará sempre em estado de "alerta vermelho", o que faz com que muitas vezes tome decisões e gaste recursos de forma precipitada. Diante da mudança, as ajustadas se perguntam "o que está acontecendo?", justamente porque se veem diante de algo que não previam e que já aconteceu.

No mercado financeiro, vemos os bancos tradicionais orquestrando movimentos reativos de ajustes para lidar com a transformação digital e encarar uma realidade futura de mercado em que as *fintechs* mais promissoras deverão roubar-lhes clientes. Sabemos que não é tarefa fácil para quem não nasceu digital e tem um legado pesadíssimo — que em nada lembra a estrutura física enxuta e a cultura ágil das *startups*.

Segundo dados da Pesquisa Febraban de Tecnologia Bancária 2018 (ano base 2017), a modalidade *mobile banking* concentrou, em 2017, 35% das transações bancárias no Brasil, somando R$71,8 bilhões. Em 2017 foram abertas 1,6 milhão de contas digitais via *smartphones*, contra 591 mil em 2016. Bancos médios e pequenos estão surfando muito bem sobre essa onda de digitalização. Conquistaram uma boa fatia das contas digitais com uma proposta de valor apoiada por processos ágeis, sem burocracia e cobrança de tarifas.

O futuro dirá se os atuais movimentos de ajuste dos grandes bancos proporcionarão frutos rentáveis. Como já afirmamos, várias pesquisas comprovam que os millennials (nascidos no início da década de 1980 até meados da década de 1990) não se identificam muito ou quase nada com os serviços bancários tradicionais; e *fintechs* e bancos médios estão atraindo esses jovens consumidores financeiros, que nos próximos anos estarão ocupando posições de destaque no mercado de trabalho.

O terceiro tipo de empresas que destacamos representa as organizações que detêm a habilidade de captar os sinais da mudança muito antes da concorrência. Denominamos tais organizações de *atentas* (quadrante inferior esquerdo da matriz da Figura 2-2), pelo fato de estarem sempre monitorando o ambiente em busca de indícios, sintomas de mudanças que estão em gestação. Essa capacidade permite que as empresas atentas se orientem de forma proativa ao mercado, respondendo aos momentos-zero (tempo 0) antes de sua própria ocorrência (veja a Figura 2-1). O radar aguçado das empresas atentas se manifesta na seguinte pergunta: o que vai acontecer?

Empresas atentas conseguem filtrar os sinais relevantes em meio ao ruído do mercado, antecipando a resposta às oportunidades ou se preparando para as ameaças trazidas pelos momentos-zero, antes e melhor do que seus competidores. (No Capítulo 4 descreveremos com maiores detalhes como as empresas atentas agem para captar os sinais do mercado.)

O sucesso do Spotify nos mostra como uma empresa pode inovar estando "antenada" aos sinais de mercado. Após dois anos de intenso trabalho de desenvolvimento, o Spotify foi lançado em outubro de 2008 para mudar nossa forma de consumir música. O aplicativo conquistou a liderança mundial no mercado de streaming de música, deixando no retrovisor concorrentes de peso como Apple Music e Google Music.

Quando se trata de consumo de música, observamos vários sinais de mercado emitidos desde 2001, quando a Apple surfou de forma proativa sobre essa onda: o boom da música digital. Nascia o iPod, que logo se tornou um sucesso mundial de vendas e virou um ícone. Junto com o iPod surgiu o iTunes, o inovador player e organizador de arquivos de música. Em 2003, a Apple lançou a *iTunes Store*, uma inovação no mercado de consumo de música. O futuro da indústria da música estava traçado.

Sendo uma inovação radical, a iTunes Store criou um novo mercado. Na dinâmica de crescimento e fortalecimento desse novo nicho, sinais de mercado foram observados pelo fundador da plataforma Spotify, o engenheiro Daniel Enk, voraz empreendedor e apaixonado por música e informática. Os consumidores receberiam muito bem um novo serviço que lhes poupasse o tempo de espera com downloads e que fosse simples e fácil de usar.

Por fim, temos as empresas que chamamos de *ativadoras*. Elas buscam literalmente criar a mudança no mercado. Ativadoras atuam no presente tentando criar o futuro, gerando seus próprios momentos-zero e revolucionando o mercado a partir daí. São guiadas por fortes crenças de seus estrategistas sobre o valor da ousadia, da ambição e da coragem em desbravar novas oportunidades, que as habilitam a formular a seguinte pergunta: o que nós queremos que aconteça?

Ao invés de serem pegas de surpresa, as ativadoras surpreendem. Criam opções antes mesmo de precisarem delas. Empresas ativadoras são o próprio epicentro da mudança. Elaboram novas perguntas, em vez de procurarem por respostas para as velhas perguntas de sempre. No lugar de pagarem para ver, essas empresas ativadoras dão as cartas e passam a comandar o jogo.

O aplicativo WhatsApp é um caso notório de ativação de mercado. Criado no Vale do Silício em 2009 por dois engenheiros de computação demissionários do Yahoo!, logo se tornou uma "mania" mundial e abalou tremendamente as receitas das operadoras de celulares com o serviço de SMS (*Short Message Service*). Em 2014, o Facebook pagou por US$19 bilhões pelo aplicativo, mais um meganegócio do mundo da tecnologia. Hoje o WhatsApp tem algo em torno de 1,3 bilhão de usuários ativos em 180 países (no Brasil são 120 milhões).

Mesmo ainda sem monetizar o aplicativo, é inegável que o Facebook tem um valioso ativo em seu portfólio, que poderá ser usado para novas ativações de serviços no mercado. No início de 2018 foi lançado o serviço WhatsApp Business, para uso corporativo, uma nova proposta de valor para facilitar a comunicação entre empresas e consumidores. Ainda em fase inicial e gratuito, o serviço tem atingido empresas menores, mas há expectativas de sua utilização por empresas maiores, e o WhatsApp não descarta e ideia de cobrar por esse novo serviço.

Obviamente os quatro tipos de empresas que apresentamos não devem ser tomados como categorias perfeitas. A realidade é feita de matizes, não de tipos absolutos, e mostra as organizações, em geral, assumindo diferentes posturas ao longo de sua história, contexto ou contingências específicas. Nenhuma empresa pode ser taxada exclusivamente de *aflita, ajustada, atenta* ou *ativadora* pelo simples fato de ter evidenciado alguma dessas posturas em dada situação.

Empresas proativas, dentro do raciocínio exposto, são aquelas que na maior parte do tempo e na maioria das vezes conseguem se portar de modo a antecipar as condições de mercado, expondo comportamentos e características muito próprios e que as diferenciam sobremaneira dos concorrentes.

Os animais da proatividade

Os quatro tipos de empresas apresentados podem ser relacionados a quatro animais e seus comportamentos. Essa é uma analogia que ajuda muito a diagnosticar a orientação estratégica da sua empresa. Repare na sequência:

- **Aflitas**. Representadas por um *avestruz*, mostram o que acontece com as empresas que, ao se depararem com a mudança, a ignoram, acreditando que essa atitude de negação poderá salvá-las. Note que a empresa avestruz vê a mudança a sua frente, mas não tem determinação de reagir a ela, por isso, faz de conta que o ambiente ainda é o mesmo. Muitas empresas sucumbiram e sucumbem todos os dias por força dessa lógica disfuncional.

  O *avestruz* é, em geral, muito lento, e quando resolve reagir, frequentemente é tarde demais.

- **Ajustadas.** Tal e qual o *camaleão*, mudam os matizes estratégicos de acordo com as circunstâncias, ao melhor estilo da teoria da contingência. Como sempre dizemos, não há nada de errado em ser reativo, desde que não seja sua única e exclusiva estratégia. E contanto, é claro, que sua reatividade funcione. Por vezes, a defesa de mercado e o jogar na retranca definem a melhor estratégia a ser seguida na ocasião. O *camaleão* sabe jogar esse jogo: é mais

  eficiente e rápido na resposta, dispara antes o gatilho da reação à mudança.

- **Atentas.** Lembram o *golfinho*, com seu sonar aguçado para o que está à frente. São empresas que monitoram o mercado de forma sistemática e recorrente, rastreiam mudanças, fazem pesquisa alternativa, investem em scanners estratégicos; em síntese, conseguem tempo na agenda para estudar o futuro. Por esse motivo, conseguem enxergar, sentir e notar o que os concorrentes ainda estão longe de perceber. O *golfinho* pauta toda a ação nos seus radares aguçados para o que ainda não aconteceu e ninguém está vendo.

- **Ativadoras.** Proativas construtoras, tal e qual o *castor*. São aquelas empresas que buscam mudar com as regras do jogo da competição. Frequentemente as ativadoras subvertem e quebram com o modelo de negócios da indústria, revolucionam mercados com seus produtos e serviços, e alteram a dinâmica da competição e os hábitos e preferências de consumo. Representam o estado da arte da proatividade de mercado. O *castor*, como o *golfinho*, também capta sinais, mas tem, como gostamos de dizer, uma maior "coragem estratégica", pautada no desenvolvimento das capacidades relacionadas ao risco e ao erro. O *castor* vai além dos sinais, atuando de forma deliberada com base em seu feeling proativo.

Os animais no habitat 4.0

Em uma economia 4.0, o comportamento em relação à mudança é ainda mais crítico. O quadro a seguir mostra algumas características que procuramos avaliar quando trabalhamos na prática nossa metáfora dos animais. Repare que cada tipo de empresa atua de forma diversa, dependendo da postura de orientação para o mercado.

Ferramentas de Prospecção do Futuro

Ativadoras (Castor)	Atentas (Golfinho)
Planejamento de cenários. Uso de inteligência artificial para interpretar tendências e visualizar realidades futuras de mercado.	Uso de inteligência artificial para monitoramento e análise de sinais de mercado através de radares proativos. Monitoramento sistemático de megatendências, via captura e análise de conteúdos em redes sociais e outros ambientes digitais. Pesquisa sobre demandas latentes.
Ajustadas (Camaleão)	**Aflitas (Avestruz)**
Oportunidades e ameaças (matriz SWOT). Exame das forças competitivas.	Nenhuma.

Postura de Mercado

Ativadoras (Castor)	Atentas (Golfinho)
Busca contínua de novos mercados. Criação de novas oportunidades de negócio via digitalização. Ampliação de acesso a produtos e serviços via aplicativos.	Resposta às ameaças e oportunidades potenciais antes que elas se realizem. Desenvolvimento de modelos híbridos de negócio, mesclando os mundos offline e online.
Ajustadas (Camaleão)	**Aflitas (Avestruz)**
Sustentação do mercado conquistado e reação às ameaças do ambiente. Adaptação à realidade 4.0 mediante criação de interfaces digitais para apoiar processos de atendimento e vendas.	Ação sobre as oportunidades e ameaças só na medida em que essas são evidentes.

Pesquisa de Marketing

Ativadoras (Castor)	Atentas (Golfinho)
Planeja vários cenários possíveis sobre o futuro, com base em dados de pesquisas não tradicionais baseadas em antropologia de consumo e outras frentes de análise.	Busca rastrear as tendências (sinais) e necessidades futuras do mercado.
Ajustadas (Camaleão)	Aflitas (Avestruz)
Aplica pesquisas com clientes (necessidades explícitas) e concorrentes.	Realiza muito pouca pesquisa; age com base na intuição e em ruídos do mercado.

Mindset de Inovação

Ativadoras (Castor)	Atentas (Golfinho)
Inova com base em sua visão sobre o futuro (inovação radical).	Inova com base em sinais e tendências captados no mercado.
Idealiza e introduz modelos disruptivos de negócio baseados em plataformas digitais.	Idealiza e introduz modelos disruptivos de negócio baseados em plataformas digitais.
Ajustadas (Camaleão)	Aflitas (Avestruz)
Inova procurando aprimorar as modernizações da concorrência (inovação incremental).	Inova muito pouco, preferindo responder às pressões do mercado impostas.
Segue as ofertas de produtos e serviços digitalizados dos concorrentes.	

Os quatro animais têm muito a dizer sobre o comportamento estratégico das empresas. Temos comprovado isso em nossos workshops e consultorias. Quando se trabalha a proatividade na prática, ajuda muito avaliar que animal mais espelha o comportamento de determinada empresa, para depois buscar as causas e consequências do perfil traçado.

INSIGHT 4.0

QUANDO AS COISAS SE TORNAM INTELIGENTES

Já imaginou como um médico poderia monitorar remotamente se seu paciente está tomando os remédios prescritos? Com a realidade da Internet das Coisas (IoT) isso é perfeitamente possível. Basta introduzir um microchip em um comprimido, e tudo está resolvido. Quando o comprimido — inteligente (*smart pill*) — entra em contato com o estômago, um sensor é ativado e transmite a informação para um *patch wearable* (pequeno dispositivo eletrônico aderente à pele do paciente), que logo emite uma mensagem para um smartphone conectado a um portal na web. Esse é um exemplo singelo, mas bastante efetivo, de como a IoT pode transformar ofertas de valor e também modelos de negócios no mundo 4.0.

As aplicações da IoT vão muito além do setor de saúde. Já é possível extrair informações de objetos conectados por sensores, e muita coisa está mudando em setores como transporte, educação, produção de bens industriais e prestação de serviços diversos. Cidades inteligentes, fábricas inteligentes, objetos inteligentes transformam radicalmente a vida das pessoas e também os processos e estruturas funcionais nas empresas.

Em artigo na *Harvard Business Review*,[1] o professor Michael Porter faz uma análise profunda dos impactos da IoT em funções essenciais para qualquer negócio: desenvolvimento de produtos, tecnologia de informações, logística, marketing, vendas e pós-vendas. A transformação é relevante a ponto de Porter afirmar que a IoT representa "a mais substancial mudança nas empresas de manufatura desde a Segunda Revolução Industrial, há mais de um século."

Os benefícios da IoT no contexto de negócios podem ser aglutinados em três campos, de acordo com pesquisa da consultoria Gartner:[2] eficiência operacional, novas experiências ao cliente e melhorias em modelos de negócio.

---

1 PORTER, Michael E.; HEPPELMENN, James E. How Smart, Conected Products are Transforming Companies. Outubro, 2015, Issue.
2 LIU, Venecia. Business Benefits of the Internet of the Things: A Gartner Trend Insight Report. 22 de setembro de 2017.

A pesquisa Gartner detectou os princípios da IoT nas perspectivas interna e externa da gestão do negócio. No âmbito das atividades internas, os benefícios mais citados foram: a) melhorias na produtividade da força de trabalho; b) monitoramento remoto e controle de operações; c) melhoria de processos de negócio. Na esfera das atividades externas, foram destacados estes benefícios: a) atividades de *customer care* mais integradas com a performance de produtos; b) aumento da vantagem competitiva; c) melhoria na experiência e lealdade do cliente.

No contexto brasileiro de negócios, os avanços da IoT exibem números alentadores, segundo dados do BNDES.[3] Em 2018, o mercado brasileiro de IoT movimentou em torno de US$8 bilhões, e o ganho de produtividade anual com a IoT deverá alcançar US$200 bilhões até 2025. Até esse mesmo ano, estima-se que a IoT terá adicionado à economia brasileira de US$34 bilhões a U$S132 bilhões em áreas como saúde, cidades, setor rural e indústria.

Para qualquer empresa, seja qual for seu setor de atuação, a aplicação sistemática de processos de IoT será fator decisivo no desenvolvimento de estratégias proativas para avançar na competição 4.0. Os ganhos da IoT em produtividade, aumento de receitas e experiência ao cliente são tão evidentes, que é impensável deixar esse tema fora da agenda estratégica dos próximos anos.

---

3 Matéria publicada em 27 de julho de 2018 no caderno Empresas – Serviços e Tecnologia do jornal *Valor Econômico*.

Capacitando para a Proatividade

A história dos neandertais é uma das mais fascinantes no campo da evolução humana. Resistente e bem aparelhada para enfrentar condições ambientais extremas, essa espécie de hominídeo sobreviveu muito bem adaptada por longos e difíceis 150 mil anos na inóspita Era Glacial. Há 30 mil anos, no entanto, os neandertais desapareceram por completo da face da Terra.

Os motivos dessa extinção ainda permanecem envoltos em uma nuvem de mistério, e um fato adicional contribui para realçar esse enigma: o ocaso dos neandertais ocorreu exatamente ao mesmo tempo em que eles se defrontaram com um estranho desconhecido, o *Homo sapiens*, nosso ancestral direto.

As capacidades do homem de Neandertal eram, em certos aspectos, até melhores do que as do *Homo sapiens*. Eles tinham a habilidade de construir ferramentas e armas, estavam mais aparelhados fisicamente contra as duríssimas condições do ambiente daquela época e possuíam um cérebro maior, cerca de 10% mais volumoso do que o de nossos antepassados diretos. Por que, então, eles desapareceram, e não nós?

Sabe-se hoje que os sapiens que invadiram a Europa eram mais inovadores do que os neandertais. Eles desenvolveram novas tecnologias para trabalhar pedras e aprenderam a fazer ferramentas melhores de ossos e chifres. Os sapiens, em suma, refinavam constantemente o padrão de inovação tecnológica que possuíam, e isso os colocou em grande vantagem competitiva. O desenvolvimento de uma linguagem mais elaborada — e com ela o surgimento de uma cultura e interação social mais evoluídas — foi a pá de cal que alçou os sapiens a outro patamar e deixou os neandertais pelo caminho.

Os sapiens, assim, foram se tornando mais rápidos em enfrentar as velozes mudanças ambientais. Os neandertais até tentavam segui-los, literalmente copiando o que faziam, no entanto, sua reatividade não foi suficiente. Enquanto isso, nossos antepassados desenvolviam uma habilidade ímpar que o neandertal, ao que tudo indica, nunca chegou a dominar: a capacidade de planejar o futuro e, mais importante, de antecipar ações. Uma prodigiosa — e então inédita — capacidade: a *proatividade*!

Adaptação versus planejamento e antecipação: enquanto os neandertais apenas adequavam-se ao ambiente, os sapiens iam muito além disso, planejando acontecimentos no sentido de especular o que poderia, ou não, ocorrer. Compreender que os períodos de seca se sucediam e que a água poderia ser armazenada para a próxima escassez, por exemplo, é um tipo de raciocínio relacionado ao *Homo sapiens* e que os neandertais aparentemente não dominavam.

Existem indícios fortes, portanto, para se crer que a capacidade de criação e antecipação dos sapiens foi o que garantiu a sobrevivência de nossa espécie. A imaginação de nossos antepassados permitiu-lhes literalmente enxergar à frente de seu tempo. Antecipar, criar e modelar o contexto são características que resumem a essência do comportamento proativo. Os neandertais pagaram o preço de sua reatividade, e os sapiens sobreviveram devido a sua capacidade de criação e antecipação, ou seja, por terem sido mais proativos do que seus concorrentes.

> *Os sapiens, assim, foram se tornando mais rápidos em enfrentar as rápidas mudanças ambientais. Os neandertais até tentavam segui--los, literalmente copiando o que faziam, no entanto, sua reatividade não foi suficiente.*

Capacidades: o divisor de águas da proatividade

A história dos neandertais deixa claro: o desenvolvimento de capacidades distintivas faz toda a diferença na luta competitiva. Assim era há 30 mil anos e assim é hoje na disputa por um lugar ao sol na arena do mercado.

Desde o início de nossos estudos, tornou-se clara a necessidade de capacidades que as empresas deveriam desenvolver se querem ser mais proativas em relação ao mercado. Vimos que tais competências funcionavam como verdadeiros pré-requisitos, fazendo com que algumas empresas agissem de forma muito mais proativa do que outras. Partimos para identificar que capacidades eram essas e encontramos um rol de oito competências essenciais.

As capacidades da empresa proativa

1. Capacidade de lidar com o risco

2. Capacidade de lidar com o erro

3. Capacidade de visualizar realidades futuras

4. Capacidade de gerenciar a "pressão do curto prazo"

5. Capacidade de inovar proativamente

6. Capacidade de gerenciar de forma flexível

7. Capacidade de liderar proativamente

8. Capacidade de identificar e desenvolver pessoas proativas

O exercício efetivo dessas oito capacidades revela uma nova forma de pensar, uma mentalidade proativa muito diferente daquela encontrada nas empresas voltadas somente para responder às demandas do mercado. Essa nova mentalidade é essencial para que a execução das estratégias proativas aconteça e, mais do que isso, repercuta em resultados positivos. Repare as diferenças existentes entre a mentalidade proativa e a mentalidade reativa em relação às oito capacidades listadas (Tabela 3-1).

Importante destacar que as diferenças descritas se apresentarão de forma mais ou menos acentuada, dependendo do estágio de desenvolvimento em relação a cada uma das oito capacidades assinaladas, e isso, ao final, refletirá a realidade particular de cada empresa. Queremos dizer com isso que as dificuldades em relação às capacidades serão sentidas em graus diferentes. Nos extremos, encontraremos as empresas que não apresentam problemas em relação a nenhuma capacidade (caso das *culturas proativas desenvolvidas*), e aquelas com dificuldades salientes em relação a quase todas ou até mesmo em todas elas (caso das *culturas reativas dominantes*).

TABELA 3-1

Diferenças entre a mentalidade proativa e a mentalidade reativa

Capacidades	Mentalidade Reativa	Mentalidade Proativa
Como a empresa lida com o risco?	A cobrança imediatista pelo desempenho financeiro inibe a tomada de risco.	A empresa encoraja a tomada de risco na busca da mudança.
Como os erros são tratados?	O discurso é de aceitação das falhas de percurso, mas os erros são evitados a todo o custo.	Erros são vistos como oportunidades de aprendizado e crescimento.
Ao formular suas estratégias, a empresa considera realidades futuras?	A visão estratégica é centrada nas ameaças e oportunidades do presente.	A empresa procura continuamente imaginar novas realidades de mercado.
A pressão por resultados de curto prazo dificulta a antecipação do futuro?	Ganhos futuros ficam em segundo plano em prol de resultados presentes.	Muitas vezes sacrifica-se o resultado presente em vista de um ganho futuro melhor.
A inovação é um processo dirigido pelo mercado?	Geralmente as inovações constituem respostas às demandas do mercado.	A inovação é um processo que busca romper com os padrões de mercado vigentes.

Capacidades	Mentalidade Reativa	Mentalidade Proativa
O excesso de burocracia e de regras inibe o livre curso de ideias?	O status quo operacional obstrui a exposição de ideias e novas abordagens.	As pessoas têm liberdade para expressar suas ideias e opiniões.
Qual o estilo de liderança?	Liderança tradicional focada no controle e na hierarquia.	Liderança transformadora pautada pela autonomia e liberdade.
Como a empresa enxerga a proatividade no nível dos indivíduos?	A proatividade é uma característica inata das pessoas.	A proatividade é uma habilidade, e pode ser estimulada e desenvolvida.

Em relação às capacidades, verificamos também que as empresas se distribuem em matizes variados de desenvolvimento, usualmente necessitando aprimorar o comportamento em relação a alguma capacidade ou capacidades deficitárias. Entretanto, independentemente do grau de desenvolvimento descrito, gerenciar cada uma das capacidades é fundamental para toda empresa que queira atuar proativamente de forma eficaz. Para tanto, é necessário que a organização realize a "gestão da proatividade de mercado".

A gestão da proatividade

Verdade da gestão: nenhuma capacidade se desenvolve por si só, devendo ser trabalhada e tornar-se parte da cultura da empresa. Além disso, as competências não constituem variáveis isoladas. O efeito de uma capacidade será suportado — ou extinguido — por outras capacidades a ela relacionadas. Competências dependem umas das outras, e quanto mais bem gerenciadas forem em seu conjunto, mais contribuirão para os objetivos a que se prestam.

Para gerenciar as capacidades para a proatividade de mercado, portanto, a empresa deverá lançar mão daquilo que denominamos *gestão da proatividade*, ou seja, *a postura gerencial voltada a desenvolver as capacidades para a proatividade de mercado.*

Essa gestão proativa aglutina as oito capacidades descritas em quatro dimensões distintas, cada qual voltada a gerenciar capacidades específicas (Figura 3-1). Cada dimensão da gestão proativa engloba duas competências, totalizando as oito capacidades idealizadas, que formam um conjunto coeso, em que as capacidades são interligadas e complementam-se de forma totalizante.

FIGURA 3-1

As quatro dimensões da gestão proativa

GESTÃO DO COMPORTAMENTO PROATIVO

- Capacidade de liderar proativamente
- Capacidade de identificar e desenvolver pessoas proativas

GESTÃO DO FUTURO-HOJE

- Capacidade de visualizar realidades futuras
- Capacidade de gerenciar a "pressão do curto prazo"

GESTÃO PROATIVA

GESTÃO DA INCERTEZA

- Capacidade de lidar com o risco
- Capacidade de lidar com o erro

GESTÃO DA INOVAÇÃO PROATIVA

- Capacidade de inovar proativamente
- Capacidade de gerenciar de forma flexível

Lembre-se: no processo da gestão proativa, nenhuma capacidade é mais importante do que outra. Mais vale a ação combinada das competências do que a aplicação de uma específica. Por isso, ao implementar a gestão proativa, líderes e gerentes devem buscar um resultado sinérgico, em que a grande capacidade resultante transcenda a simples soma das individuais. Assim, organizar a empresa para a proatividade de mercado requer que se desenvolva de forma equilibrada a gestão proativa em suas quatro dimensões: *gestão da incerteza, gestão do futuro-hoje, gestão da inovação proativa* e *gestão do comportamento proativo.*

> *Ao implementar a gestão proativa, líderes e gerentes devem buscar um resultado sinérgico, em que a grande capacidade resultante transcenda a simples soma das capacidades individuais.*

As quatro dimensões da gestão proativa

As quatro dimensões da gestão proativa constituem a base de atuação para a empresa desenvolver as capacidades para a proatividade de mercado. Sinteticamente, essas dimensões assim se apresentam:

- **Gestão da incerteza.** Diz respeito às capacidades da empresa de lidar com o *risco* e o *erro*, dois elementos sempre presentes quando se busca antecipar o mercado.

- **Gestão do comportamento proativo.** Abrange as capacidades da empresa de *liderar proativamente* e de *identificar e desenvolver pessoas proativas.*

- **Gestão da inovação proativa.** Envolve as capacidades da empresa de *inovar proativamente* e também de *gerenciar de forma flexível.*

- **Gestão do futuro-hoje.** Engloba as capacidades da empresa de *visualizar realidades futuras* e de *gerenciar a "pressão do curto prazo".*

Conhecidas as capacidades para a proatividade de mercado, é necessário que a empresa coloque em prática a gestão proativa descrita até aqui. Para tanto, é indispensável avaliar, antes de tudo, como a organização se comporta em relação a cada uma das oito competências listadas, fazendo uma autoanalise de seu estágio atual de desenvolvimento em relação a elas. Em outras palavras, a empresa deverá realizar um diagnóstico das capacidades para a proatividade de mercado. Para tanto, recorrerá ao *CHECK-UP DAS CAPACIDADES*, instrumento de avaliação das competências para a proatividade de mercado. (O CHECK-UP DAS CAPACI-DADES faz parte do diagnóstico de proatividade que detalhamos no Apêndice 1.)

O check-up é o ponto de partida para a análise e posterior gerenciamento das capacidades. Ele mostra, de forma estatística, o nível de desenvolvimento da empresa em relação a cada habilidade de forma individual. Denota, assim, quais os pontos mais fracos que devem ser atacados, para que a empresa consiga um equilíbrio positivo no desenvolvimento de suas capacidades proativas.

O exercício das competências se revela a base para a posterior construção de estratégias proativas. Se isso já era relevante em mercados tradicionais, foi exponencialmente aumentado diante da nova economia. Em tempos digitais, desenvolver as capacidades para a proatividade de mercado tornou-se uma habilidade fundamental. Sem elas não há que se falar em antecipação. E sem antecipação será muito difícil que a empresa tenha espaço na arena competitiva do século XXI.

A gestão proativa em um mundo 4.0

No ambiente de negócios da era 4.0, a gestão da proatividade de mercado ganha novos desafios, que mostraremos agora. E a questão mais emergente é: como lidar com as quatro dimensões da gestão proativa para vencer no mundo VUCA (marcado pela *volatilidade, incerteza, complexidade* e *ambiguidade*)?

Uma primeira constatação é a de que a essência da proatividade de mercado, ou seja, a antecipação de mudanças, prevalece firme, ainda que possa parecer mais oportuna a postura reativa das empresas ao acionar mecanismos ágeis de ajuste às transformações incessantes do ambiente externo. De fato, esses ajustes são vitais para garantir resultados no presente.

Mas também é fato que as empresas com DNA proativo jamais perdem de vista cenários futuros de mercado. Enquanto competem para obter a melhor performance possível no presente, mantêm radares ligados nos sinais de mudanças futuras no mercado, e raramente são surpreendidas. Veja, por exemplo, o caso da Lego, a gigante dinamarquesa que encanta consumidores nos quatro cantos do planeta com seus tijolinhos.

A empresa já está realizando vultosos investimentos em nanotecnologia para encontrar, futuramente, soluções ambientalmente sustentáveis na fabricação das peças, sem perda de suas características funcionais. A Lego construiu uma consistente reputação corporativa ao longo de sua história, mas sabe que não terá direito de operar no futuro se não viabilizar tais soluções. A isso chamamos de visão de futuro.

Vamos analisar então as principais implicações do mundo 4.0 nas quatro dimensões da gestão proativa.

Gestão do comportamento proativo na era 4.0

A grande transformação que se impõe às lideranças na era digital é o desenvolvimento de novas competências comportamentais. Sabemos que as máquinas são imbatíveis em competências cognitivas, então os líderes terão que desenvolver novas habilidades na gestão das equipes.

Gostamos de enfatizar que a transformação é muito mais *cultural* do que *digital*. Os desafios da nova era não serão vencidos apenas com o uso de ferramentas tecnológicas, que hoje são recursos acessíveis a qualquer empresa.

> *A implantação bem-sucedida de novos sistemas, de processos ágeis e compartilhados de trabalho requer mudança de mindset de líderes e liderados.*

Nas pesquisas que realizamos entre 2007 e 2008 para a construção e validação do modelo conceitual de proatividade de mercado — que detalhamos em nosso primeiro livro, de 2011, *Empresas proativas: Como antecipar mudanças no mercado* (Elsevier) — entrevistamos 47 CEOs de grandes empresas de diversos setores de atuação. Foi uma densa jornada de conversas sobre os benefícios e as capacidades requeridas para o desenvolvimento de estratégias voltadas para a antecipação de mercado.

Aqui vale destacar o depoimento de um dos CEOs entrevistados, de uma empresa de classe mundial fabricante de bens de consumo duráveis: "Meu maior sonho é ter que frear a minha equipe. A competição está dura demais para você perder tempo e energia tentando empurrar as pessoas para reagir. Esses passivos deveriam trabalhar nos meus concorrentes".

Essa entrevista ocorreu em 2008. Enquanto escrevemos estas linhas, ou seja, dez anos depois, o mercado é outro, bem diferente! A transformação digital vem desafiando lógicas tradicionais de fazer negócio e está tirando o sono de muitos gestores por aí. Se antes a passividade incomodava, agora é inaceitável e imperdoável. Se a reatividade era necessária (para responder às mudanças de mercado), agora deve ser espantosamente ágil, para garantir no presente resultados sustentáveis que garantam a ponte para o futuro. Nesse contexto, a proatividade das pessoas em equipes de trabalho será, cada vez mais, um fator crítico de sucesso para vencer na era digital.

É quando entra em cena o papel crucial da nova liderança para inspirar e reconhecer atitudes proativas. Dois traços de comportamento fazem toda a diferença dos líderes de destaque na era digital: exercem um papel *transformacional* (promovem mudanças culturais e estruturais) e são *hands on* por excelência (estão no *front* com a equipe para estimular o aprendizado pela ação).

Em pesquisa de âmbito mundial, realizada em 2017 pela consultoria Bain & Company,[1] envolvendo mil empresas de diversos setores, ficou evidente que as recompensas da transformação digital podem ser incrivelmente altas, mas a taxa de sucesso dessas jornadas ainda é baixa. A pesquisa mostrou que a captura de ganhos com a transformação digital é bem mais difícil do que aquela auferida com as transformações convencionais: apenas 5% das empresas pesquisadas revelaram que alcançaram ou excederam suas expectativas com a transformação digital, contra uma taxa de sucesso de 12% reportada em relação às transformações convencionais.

Para aumentar a taxa de sucesso das jornadas de transformação, o papel das lideranças é fundamental. A pesquisa da Bain & Company identificou três frentes empreendidas pelos "grandes orquestradores" de transformações digitais: 1) asseguram forte alinhamento entre o topo da empresa para consolidar o compartilhamento de premissas e de recursos necessários; 2) assumem iniciativas críticas de trabalho ágil para escalar modelos digitais; 3) mobilizam a linha de frente da empresa e transformam as pessoas em "transmissores da mudança", estimulando interações com os clientes e aprendizado voltado para a inovação.

Grandes mudanças são orquestradas por grandes líderes. Nossas pesquisas mostram que o fomento à formação de uma cultura de proatividade na empresa garante algo valiosíssimo hoje em dia: *senso de urgência*. Isso mesmo! Discursos e planos nada valem sem ações *rápidas* e, principalmente, *antecipatórias*. Oportunidades passam em ritmo de trem-bala, e os problemas não esperam para acontecer.

Além disso, e não menos importante, a nova liderança que emerge do mundo 4.0 deve conduzir as empresas por caminhos sustentáveis, no meio do turbilhão da era digital, pregando valores fundados em *humanidades*. É uma liderança fortemente guiada por propósitos que visam a transformar o mundo.

> *Sabemos que qualquer transformação começa com pessoas. Esse é o grande desafio dos "líderes pós-modernos": transformar pessoas.*

1 *Orchestrating a Successful Digital Transformation*, de Laurent-Pierre Baculard et al., 22 de novembro de 2017, Bain & Company

Gestão da incerteza na era 4.0

Na era 4.0 impera a incerteza. A lógica linear que suportou casos de sucesso empresarial, em décadas anteriores à revolução digital, não existe mais. O mundo é bem mais imprevisível. Como nunca, empreendedores e gestores deverão desenvolver habilidades especiais para compreender os meandros cognitivos e comportamentais da gestão de riscos e erros. Gerenciar bem a incerteza é uma "prova de fogo" nessa nova era.

O risco faz parte do jogo estratégico. Fazer escolhas, fixar objetivos, planejar e executar ações, ir em busca dos resultados projetados. É impossível cumprir com "risco zero" esse menu básico dos manuais de estratégia. Mas, na nova era, os passos desse menu exibem desafios inéditos que colocam em xeque alguns mantras da construção estratégica. Com isso, há riscos novos a enfrentar.

O primeiro mantra a cair por terra é a chamada "curva de experiência", uma alavanca vital de sucesso de muitas empresas, em vários segmentos de negócio, até a indústria 4.0. Na nova era, negócios maduros passaram a encarar um risco novíssimo e letal: o *risco da disrupção*. Essa realidade é tão evidente que passamos a conviver com uma nova onda no mundo empresarial: a *"uberização"* de modelos de negócio tradicionais. Nesse exato momento, é bem provável que alguma startup esteja inventando uma proposta de valor que roubará clientes de negócios estabelecidos. Bem-vindos ao "risco da extinção", um drama típico da mudança de era.

Além desse risco espantoso, consideremos outro bem evidente nestes novos tempos: o *risco da reação tardia*. Como já afirmamos aqui, a reatividade é necessária para a empresa fazer ajustes e se adaptar à dinâmica frenética de mudanças do ambiente externo. Novas tecnologias surgem a todo momento e são rapidamente adotadas em larga escala. Qualquer atraso pode ser muito danoso e até mesmo fatal em alguns casos.

> *Riscos e erros andam juntos. Quando a empresa detém habilidades de gerenciamento de riscos, tem maior capacidade de lidar com os erros de percurso. Em consequência, aprenderá mais com eles.*

Na era 4.0, essa relação ganha novos matizes, justamente porque o ambiente externo é bem menos previsível, e, ao mesmo tempo, temos novos métodos de trabalho ágil e compartilhado sendo praticados no ambiente interno.

Veja como a nova dinâmica acontece com referência a riscos e erros. Por exemplo, quando se trata de gestão de novas ofertas ou de diversificação de negócios na era 4.0, forçosamente as empresas se lançam em novas frentes para competir melhor, sabendo que algumas delas poderão não ser bem-sucedidas. Em outras palavras, é preciso pensar, hoje em dia, não somente em portfólio de ofertas, mas em "portfólio de apostas". Com isso, aumentará a exposição ao risco e, em decorrência, a taxa de erros ou de fracassos. É evidente que essas "novas apostas" não devem colocar em risco os objetivos ou as estratégias de longo prazo da empresa.

Veja um caso interessante de fracasso da Amazon, narrado por Eric Reis em seu livro *O estilo startup* (Leya), lançado em 2017. O fiasco ocorreu no verão de 2014 com o lançamento do celular Fire, um projeto desenvolvido durante quatro anos. O produto teve vida curtíssima no mercado: poucos meses depois de ser lançado ao preço de US$199, chegou a custar US$0,99 e encalhou, gerando um prejuízo de US$170 milhões. Segundo relatou Ries em seu livro, "...uma empresa mais tradicional teria demitido funcionários e destruído a autoconfiança da equipe, a Amazon utilizou essa oportunidade para aprender e se reorganizar."

A cultura empreendedora reinante na Amazon, voltada para a inovação e o aprendizado contínuo, faz a empresa manejar bem seu portfólio de apostas. Conforme Ries narra em seu livro, Jeff Bezos assim se pronunciou na ocasião do fracasso:

> "Colecionei bilhões de dólares em fracassos na Amazon.com. Literalmente. Nada disso é divertido, mas também não importa. O que importa é que empresas que não continuam a experimentar ou não aceitam os fracassos acabam, no final, se colocando numa posição em que a única coisa que podem fazer é uma aposta desesperada ao fim de sua existência corporativa. Não acredito em apostas que ponham a empresa em risco."

Esse depoimento explica bem nosso conceito de "portfólio de apostas" e nos mostra como as "empresas modernas" (expressão bastante explorada por Eric Ries) lidam com riscos e erros para competir com sucesso na era 4.0. Não há outra escolha para as empresas que querem vencer na era da transformação digital a não ser aumentar de forma habilidosa a exposição a riscos e ter a capacidade de extrair de cada fracasso lições de como fazer diferente e melhor. Sempre.

Gestão da inovação proativa na era 4.0

É um enorme desafio resumir aqui os impactos da era 4.0 na gestão da inovação. Inevitavelmente, os vencedores da era digital serão os inovadores. A sustentabilidade de qualquer negócio está atrelada à capacidade de reinvenção continuada de ofertas e de modelos de negócio. É impossível imaginar qualquer cadeia de valor de qualquer setor que não sofrerá impactos nos próximos anos em decorrência dos avanços tecnológicos, sobretudo da aplicação da inteligência artificial em vários campos de conhecimento.

Em nosso entendimento, um dos autores que melhor tem interpretado esse contexto de mudanças provocadas pelos avanços tecnológicos é Kevin Kelly, co-fundador da revista *Wired*, uma referência editorial quando o assunto é tecnologia. Em seu livro *Inevitável: As 12 forças tecnológicas que mudarão o mundo* (HSM), de 2015, Kevin nos brinda com uma instigante análise das "metatendências inevitáveis" que moldarão as três próximas décadas. Um conteúdo dos mais oportunos para nos apoiar nessa breve análise dos impactos da era 4.0 nas estratégias de inovação das empresas.

A primeira das 12 forças tecnológicas abordadas por Kevin — que ele chamou de "Tornar-se" — está diretamente relacionada com a necessidade de inovação contínua como fator de sustentabilidade nos negócios. Kevin recorre ao verbo "tornar" para expressar a transformação contínua que a tecnologia nos impõe. Veja só o que ele diz:

"A vida tecnológica no futuro será uma série interminável de upgrades. E a velocidade dessas progressões graduais vem aumentando. Funcionalidades mudam, padrões desaparecem, menus se transformam. Eu abro um programa que não uso todo dia esperando ver certas opções e descubro que menus inteiros desapareceram. Não importa por quanto tempo usamos determinada ferramenta: os upgrades sem fim nos transformam em eternos novatos, em usuários normalmente vistos como 'sem noção'. Na era do 'tornar-se', todo mundo torna-se um novato."

Da mesma forma que a longevidade está impondo às pessoas a prática do *long life learning* (aprendizado contínuo ao longo da vida), a reinvenção permanente será a "ordem do dia" nas empresas que almejam se manter vigorosas. É como se a inovação deixasse de ser uma função para ser tornar um "estado" ou condição de fazer as coisas acontecerem, em um processo permanente de compartilhamento de ideias. Bem-vindos à era da inovação como fator de sobrevivência empresarial.

Gestão do futuro-hoje na era 4.0

Como veremos em outro capítulo, a capacidade de visualizar realidades futuras é uma habilidade distintiva das empresas com DNA proativo e é determinante para a construção de estratégia de antecipação de mercado. Afinal, a empresa só conseguirá antecipar mudanças a partir de uma visão preditiva. Nunca é demais frisar: instituições reféns do presente jamais serão proativas.

Há quase 40 anos as técnicas de planejamento de cenários (*scenario planning*) surgiram para ajudar as empresas a mapear o futuro. No mundo 4.0, seguindo os preceitos da proatividade de mercado, é preciso que as empresas saibam lidar bem com a complexidade e as incertezas do presente (bem maiores do que aquelas de outros tempos de mudanças mais lineares), porém sem perder de vista os cenários futuros de mercado.

É claro que, atualmente, o exercício de *foresighting* (visualizar o futuro) é bem mais complexo, devido à multiplicidade de fatores determinantes das mudanças e à própria velocidade e profundidade dessas mudanças. Tudo isso temperado com uma boa dose de convergências tecnológicas.

Por outro lado, nunca as empresas tiveram recursos tão avançados de inteligência artificial, por exemplo, para serem mais preditivas e assertivas na construção de estratégias proativas.

> **Business intelligence não é mais privilégio de empresas "fora da curva". É uma condição básica para vencer na nova era.**

Empresas proativas 4.0 têm radares mais inteligentes para o rastreamento contínuo de sinais de mudança que fomentam sistemas avançados de simulação de cenários. Bem-vindos ao mundo da inteligência artificial a serviço da estratégia de negócio.

Como vimos, a gestão proativa está marcada por muitos desafios na era 4.0, mas há oportunidades nunca imaginadas para inovar e antecipar tendências, combinando-se inteligência (uso intensivo de tecnologias) com sensibilidade (criatividade baseada em humanidades).

Na sequência detalharemos a gestão da proatividade, introduzindo a ferramenta *Mandala da Proatividade*.

A Mandala da Proatividade

Quando trabalhamos a *gestão da proatividade* nas empresas, lançamos mão da *Mandala da Proatividade*. A alusão à *mandala* remete ao sentido desse símbolo milenar. Mandala, em sânscrito, significa "círculo", figura geométrica onipresente na história humana e na própria natureza. Em um círculo não há começo nem fim, e nenhum ponto em seu perímetro é mais importante do que outro, assim como ocorre com as capacidades para a proatividade, todas de igual relevância. Ainda, a palavra embute o significado de essência e conteúdo *(manda = essência; la = conteúdo)*, traduzindo, no escopo aqui descrito, os pilares, as capacidades e as ações da gestão proativa, a base de toda a ação voltada a antecipar o mercado.

A Mandala da Proatividade representa, portanto, a essência e o conteúdo principal da *gestão da proatividade*. De forma mais específica, ela reproduz em seus quatro quadrantes os pilares básicos dessa gestão e as capacidades abrangidas por cada um deles. No centro da Mandala, as ações correspondentes (Figura 3-2).

FIGURA 3-2

A Mandala da Proatividade

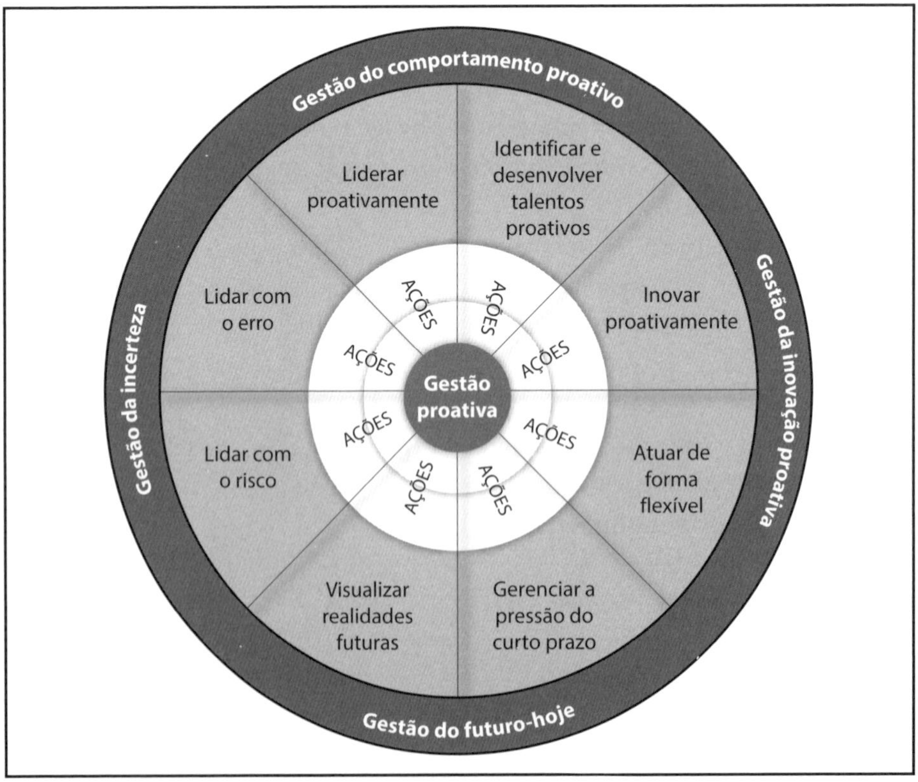

Note no desenho que cada dimensão de gestão (pilar) abre-se em duas capacidades. Cada capacidade, por sua vez, engloba duas ações particulares. Da periferia para o centro, portanto, a Mandala mostra os *Pilares*, as *Capacidades* e as *Ações*. Uma ferramenta de fácil aplicação e entendimento, pois sintetiza em apenas um esquema gráfico todo o processo da gestão proativa.

A imagem circular da Mandala, reiteramos, remete a uma questão fundamental: a igualdade de importância entre os pilares da gestão proativa. Como sempre dizemos, nenhuma das oito capacidades para a proatividade é mais relevante do que outra, todas elas devem ser desenvolvidas de forma equânime e concomitante. As capacidades, em última análise, compõem uma só grande competência, aludindo novamente ao princípio da unidade e totalidade presente no simbolismo da Mandala.

O círculo no núcleo da Mandala é o resultado da convergência de todas as ações. Isso tem um significado importante: a gestão proativa só é alcançada a partir das atitudes que a empresa colocará em prática, todas elas ligadas às capacidades e aos pilares de gestão. A gestão proativa, portanto, só ocorre se a matemática da Mandala for respeitada, ou seja: *4 Pilares x 2 Capacidades x 2 Ações*. Teremos, ao final, *16 atitudes* simples e objetivas sendo postas em prática e levando a empresa a alçar voos mais proativos e inovadores, todas elas resumidas no modelo esquemático e visual da Mandala.

Finalmente, assim como o campo de força de uma mandala modifica a energia física em seu redor, a aplicação da Mandala da Proatividade transforma a maneira como a empresa emprega sua energia estratégica. Ela passará a gerar maior eficácia proativa, direcionando seus esforços não só para a adaptação, mas também para a antecipação da mudança no ambiente competitivo. Uma mudança indispensável para a empresa tornar-se mais proativa em relação ao mercado.

No próximo capítulo abordaremos o funcionamento da Mandala, com seus *pilares* e respectivas *capacidades* e *ações*.

INSIGHT 4.0

TRANSFORMAÇÃO DIGITAL: ONDE ESTAMOS E PARA ONDE VAMOS?

Enquanto escrevemos estas linhas, o título de uma matéria publicada no jornal *Valor Econômico* nos fisga a atenção: "Transformação digital no Brasil está mais no discurso que na prática".[2] Não se pode negar que a transformação digital tem ocupado espaço relevante na agenda estratégica das empresas nos últimos anos, entretanto, o título nos convida a pensar sobre os avanços práticos conquistados até agora. Além disso, convém refletir sobre as motivações que norteiam as estratégias digitais e a política de investimentos.

A matéria faz referência a uma pesquisa realizada com 101 executivos de tecnologia de empresas diversas, e foi coordenada pela IDC Brasil, especializada em serviços de inteligência de mercado. Segundo a matéria, a pesquisa mostrou que "apenas uma entre quadro companhias tem esse processo de [transformação digital] em um estágio mais avançado".

Respaldados por conversas e discussões com executivos de áreas funcionais diversas, em sessões de consultoria, workshops e aulas, entendemos que o *gap* entre discurso e prática tem raízes comportamentais e cognitivas.

No nível comportamental, voltamos à questão da cultura empresarial — sempre ela para nos dar o tom que falta para entendermos a "sinfonia empresarial"! Muitas empresas ainda estão lutando para implantar e/ou consolidar a chamada "cultura digital". Convenhamos, não é tarefa fácil. A transformação digital exige a confrontação de dois mundos: o primeiro, bem concreto e visível pelas laterais do carro e também pelo retrovisor; o segundo, mais distante e difuso, anunciado à frente. Mas a estrada é sinuosa, e o nevoeiro, intenso.

O mundo visível representa o legado de processos, sistemas e valores construídos na era dos átomos e da evolução linear. Para a maioria das empresas, esse mundo não cairá por terra com a transformação digital (uma coisa é lidar com transformação digital em uma startup, outra, bem diferente, é tocar esse processo em uma empresa madura). Por sua vez, o mundo invisível é uma promessa, cercada de expectativas promissoras. Entretanto, a projeção de resultados escapa à lógica do *forecasting* tradicional, justamente

---

2 Matéria assinada por Gustavo Brigatto, publicada no caderno Empresas, edição de 28 de novembro de 2018.

pela falta de parâmetros internos e também pelas vicissitudes pouco confortáveis do *mundo VUCA*.

No nível cognitivo, pode parecer mais simples explicar o *gap*, mas devemos entender que não se trata apenas de deter o conhecimento técnico. É preciso saber o que fazer com ele, a serviço da estratégia do negócio. As escolas de negócio têm se esforçado para incluir o tema *transformação digital* na pauta de vários programas, conforme atesta outra matéria pulicada no jornal *Valor Econômico*.[3] O objetivo é evidente: capacitar os executivos para desenvolverem novas competências exigidas pela era digital.

Na matéria há um depoimento valioso, respaldado por pesquisas, do colega professor Carlos Arruda, coordenador do Núcleo de Inovação e Empreendedorismo da Fundação Dom Cabral (FDC): "Entre 2016 e 2017, fizemos alguns diagnósticos e percebemos que os executivos de 'C-Level' não entendiam o digital, e achavam que a área de TI poderia ajudá-los com as soluções. Só que a TI não conseguia transformar o conhecimento técnico em uma oportunidade de negócio, gerando valor para a empresa e o cliente".

Esse depoimento reforça uma questão que temos levantado em nossos debates sobre o tema: *os direcionadores da transformação digital estão claramente contemplados na estratégia do negócio?*

Percebemos, ainda, algumas dissonâncias no nível estratégico da organização sobre o que de fato a empresa está buscando com a transformação digital. Fatores ligados à redução de custos e à busca de produtividade dominam muitos discursos, mas, infelizmente, em vários casos, esses discursos estão apartados de práticas de otimização da experiência do cliente.

Não sem motivos vemos casos de empresas que têm "abusado" — sim, essa é a palavra! — da aplicação de inteligência artificial em processos de atendimento ao cliente, em detrimento de uma interface mais amigável e humanizada.

Quando se trata de direcionadores ligados mais diretamente à inovação, percebemos avanços em muitas empresas. Elas estão de fato oportunizando a transformação digital como *vetor de inovação*, inserindo-se de forma organizada em ecossistemas de inovação e praticando o conceito de *open innovation*, ou seja, internalizam conhecimentos que estão fora de suas fronteiras funcionais.

---

3 Matéria intitulada "Executivo deve ganhar fluência digital", assinada por Adriana Fonseca, publicada no caderno Empresas|Carreira em 29 de novembro de 2018.

É claro que há casos que destoam dessa perspectiva estruturante e bem organizada de inserção da transformação digital no menu da inovação. Ainda há casos de empresas que estão embarcando no que chamamos de "onda cool & easy da inovação". O que queremos dizer com isso? Elas são mestras em criar e valorizar o discurso voltado para a mídia. Montam *labs* de paredes coloridas e decoradas com frases de efeito, espaços bem equipados para favorecer o "gatilho da criatividade", mas ninguém ali sabe para onde apontar o *clique inovador*, simplesmente porque a empresa não definiu bem o propósito da transformação digital. Resumindo o filme: muito discurso, muitos *post-its* nas paredes (a 3M agradece!), mas poucos projetos rendendo resultados concretos.

Enfim, o debate sobre o presente, o futuro e os direcionadores da transformação digital nas empresas joga luzes sobre as capacidades requeridas para a construção de estratégias proativas de mercado. Nossas pesquisas nos permitem afirmar que o desenvolvimento das capacidades da gestão proativa — que detalharemos a seguir — favorecerá o planejamento e a execução dos processos de transformação digital.

A Mandala da Proatividade

Como vimos no capítulo anterior, a *Mandala da Proatividade* é uma ferramenta simples e prática para lidar com a *gestão proativa*. A lógica da Mandala é autoexplicável: parte da periferia para o centro, a partir das quatro dimensões da gestão proativa, passando pelos respectivos pares de capacidades e ações referentes. Analisaremos agora cada um desses quadrantes em seu escopo, tornando mais clara a compreensão de como a gestão proativa trabalha.

A aplicação da Mandala, reiteramos, é fundamental para organizar a ação dos gestores em relação à proatividade de mercado. Como gostamos de dizer, a proatividade não acontece por acaso, ela exige uma boa dose de "disciplina gerencial". E essa disciplina, é sempre bom lembrar, deve estar calcada nas capacidades para a proatividade. Os passos que descreveremos a partir daqui têm justamente esse objetivo: ser um guia para o desenvolvimento da competência proativa total da empresa.

Ao final de cada quadrante da Mandala, apresentamos uma proposta de *Agenda 4.0*, com "Recomendações Emergentes": dicas para a empresa lidar bem com os impactos da era digital sobre as capacidades descritas. Fechamos essa agenda com a indicação de "Leituras Essenciais", um convite para o leitor fazer um "mergulho de alerta" na respectiva temática. São livros que nos impactaram de maneira ímpar nos últimos anos e nos ajudaram a compreender as luzes e sombras da nova era.

Comecemos, então, pelo primeiro quadrante da Mandala, que engloba o pilar "Gestão da incerteza".

Pilar 1 - Gestão da incerteza

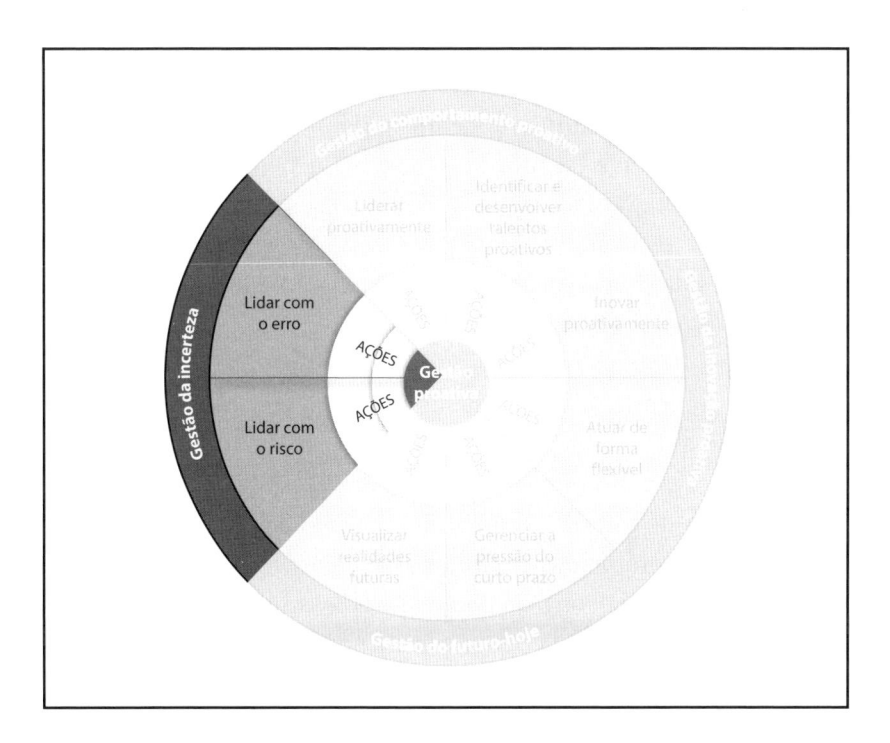

Gerenciar a incerteza constitui um dos principais desafios aos líderes e gestores que pretendem que suas empresas sejam menos reativas. E para lidar com a incerteza é necessário justamente que a instituição reverta o modelo mental relativo ao risco e ao erro. A forma de lidar com esses dois elementos assume, no âmbito da proatividade, natureza diversa da que estamos acostumados a conceber. Nesse contexto, o conceito que separa de forma radical o sucesso e a falha é reinterpretado e ultrapassado; empresas proativas sabem que "nada é mais arriscado do que não correr risco algum", e esse, com certeza, é o maior erro de todos.

Capacidade de lidar com o risco

A capacidade de lidar com o risco representa o grau em que os gestores da organização assumem — ou não — os riscos associados à execução de uma estratégia proativa. A questão que se levanta é justamente esta: *o que determina uma maior ou menor disposição em assumir riscos?* Descobrimos que as empresas que lidam melhor com o risco desenvolvem duas atitudes básicas a respeito.

Atitude 1 – Avaliar a perda de não arriscar

Muitas vezes, a empresa se preocupa mais com o que pode perder do que com aquilo que pode deixar de ganhar. Esse medo da perda faz com que os gestores procurem por decisões mais "seguras" e, em consequência, menos arrojadas. Veja o padrão de pergunta que todo gestor articula ao se defrontar com o risco: "O que posso perder se realizar essa ação?". É preciso, no entanto, que ele aprenda a fazer uma segunda pergunta complementar, geralmente subestimada: *o que posso perder — deixar de ganhar — se não fizer?*

O que ocorre é que a maioria de nós pesa mais as perdas do que os ganhos ao se defrontar com a incerteza. De forma simples, a dor que associamos ao fracasso revela-se maior do que o prazer que associamos ao sucesso, mesmo que em graus equivalentes (pense por um momento e compare sua aflição com a possibilidade de perder a quantia de mil reais com o prazer potencial de ganhar essa mesma quantia). Assim, embora perdas e ganhos sejam sempre ponderados quando se lida com a incerteza, isso ocorre quase que invariavelmente em desequilíbrio de valor. A simples possibilidade da perda, por menor que seja, afasta por completo a chance de apostar no ganho, mantendo a empresa na inação.

Transpor o paradigma do risco, assim, exige que os estrategistas ponham em prática algumas ações básicas. Eles devem se concentrar no que a empresa pode perder se *não assumir* o risco, e não somente no que ela pode perder se assumi-lo. Diante do risco, eles devem também considerar as consequências de sua ocorrência, e não somente a probabilidade de que venha a ocorrer. A criação de uma cultura de risco compartilhado, que estimule a colaboração e a divisão de responsabilidades, também é uma ação importante para fomentar a tomada de risco pela organização. Finalmente, a empresa deve recompensar a atitude positiva diante do risco. Se as pessoas não forem motivadas a assumir os riscos do negócio, a tendência é que permaneçam na zona de segurança.

> **Lembre-se:** *deixar de ganhar é também uma forma de perder.*

Atitude 2 – Aprender sobre o risco

A lógica do senso comum entende o risco como um elemento indeterminado e, por isso, imprevisível. Afinal, um risco é um "risco" justamente por sua natureza aleatória e acidental. Em consequência, acredita-se que nenhum conhecimento reduzirá a incerteza a ele atrelada, sendo difícil aprender sobre suas causas, probabilidades de ocorrência e consequências. Esse raciocínio é equivocado, pois poucos riscos são realmente imprevisíveis. É possível reduzir a incerteza inerente ao risco tendo o tempo e os recursos necessários para aprender sobre ele.

O que chamamos de incerteza, em suma, depende do nível de informação que temos a respeito de determinado evento. Assim, quanto mais conhecimento uma empresa gerar a respeito das ameaças e oportunidades atreladas a uma estratégia proativa de mercado, maior será a precisão com que saberá avaliar se é válido executá-la. Isso ajudará a aprimorar a seleção entre os riscos estratégicos que valem a pena e aqueles que, tudo aponta, podem trazer sérios prejuízos à organização.

Aprender sobre o risco envolve gerar conhecimento antecipado sobre sua ocorrência. Em outras palavras, deve-se gerar familiaridade com o risco em potencial. Nesse ponto, porém, um cuidado: tenha em mente que esse aprendizado pode dar a sensação de um ilusório controle sobre a incerteza. Riscos nunca devem ser subestimados. Cuidado com o otimismo desmedido e o excesso de confiança.

> **Lembre-se: aprenda sobre o risco antecipadamente.**

Gerenciar o risco constitui a metade do caminho para uma gestão eficaz da incerteza, pois é preciso também saber lidar com as falhas de percurso, os "erros" — tão temidos — no processo de antecipação da mudança.

Capacidade de lidar com o erro

Vivemos em uma sociedade em que a falha é um embaraço, algo a ser escondido. Esse fato ganha contornos ainda mais graves no mundo corporativo, onde um erro pode representar a perda de um bônus, de uma promoção ou de um emprego. Ao mesmo tempo, repete-se de forma exaustiva o discurso de que o erro é um gerador de aprendizado e, portanto, não deve ser estigmatizado. Vivemos, portanto, sob o "paradoxo do erro". As empresas proativas que conhecemos aprenderam a superar essa dicotomia a partir de duas ações simples e básicas.

Ação 1 – Eliminar a fronteira entre o sucesso e o fracasso

Talvez poucos contrastes representem uma questão tão inquietante para a ação humana quanto o que separa o sucesso do fracasso. Parece-nos incontestável a ideia de que esses dois estados são polos opostos e totalmente incomunicáveis, e que a existência de um pressupõe a ausência de outro. Nesse raciocínio, o fracasso é visto como um fato absolutamente negativo, um revés a ser temido e evitado. Estudos no campo do erro demonstram que esse "mal-entendido" está na raiz da dificuldade universal em lidar com as falhas de percurso.

Para superar a dicotomia descrita, é preciso considerar justamente a relatividade inerente aos conceitos usuais de sucesso e fracasso. É necessário compreender que um fracasso momentâneo pode se revelar um elemento importante para o sucesso posterior. No caminho inverso, mas no mesmo raciocínio, deve-se lembrar também de que o sucesso presente pode estar pavimentando de forma silenciosa um fracasso que se avizinha. É o que se chama de "perigo do sucesso".

Empresas podem ficar cegas pelas vitórias do passado, prendendo-se de forma irredutível a estratégias que já não mais dão conta das novas realidades do mercado. Pense no caso da Kodak, que abre este livro: uma empresa que ficou atrelada ao sucesso secular da fotografia analógica enquanto a fotografia digital se tornava uma realidade.

Gostamos de lembrar sempre que nenhuma empresa é excelente 100% do tempo, pois grandes trajetórias também são feitas de infortúnios. Assim, empresas proativas devem cultivar também o que se denomina "liberdade de errar", a segunda atitude a ser posta em prática para que se lide melhor com o erro.

> **Lembre-se:** muitas empresas ficaram cegas pelo sucesso, enquanto outras enxergaram mais longe por causa do "fracasso".

Ação 2 – Praticar a "liberdade de errar"

A "liberdade de errar" representa a postura não recriminadora em relação ao erro, justamente por se enxergar na falha uma oportunidade de aprendizado. Antes de tudo, é preciso que se observe: "liberdade" de erro não significa "licença" para errar. Ao contrário, significa ter uma visão analítica em relação aos erros, e não uma atitude gerencial condescendente com qualquer tipo de falha, marcada pela ausência de controle e supervisão. Ter liberdade de erro significa entender que a possibilidade de erro é sempre presente e que a falha pode se constituir em uma fonte geradora de novos insights e descobertas.

Uma cultura que promova a liberdade de errar deve induzir o diálogo aberto sobre as falhas de percurso. Gostamos de dizer que as empresas proativas "levantam o tapete dos erros". Em vez de dissimular as falhas tratando-as como verdadeiros segredos de estado, essas organizações promovem o debate coletivo sobre os equívocos cometidos. Erros tornados públicos têm sua probabilidade de recorrência reduzida, justamente pelo conhecimento gerado a partir de sua divulgação.

Mas a liberdade de errar, como vimos, não confere à empresa a licença para errar em qualquer circunstância e cometer todo tipo de equívoco. Existem erros e "erros", ou seja, os positivos e construtivos, e os injustificáveis, para os quais não deve haver tolerância. Em outras palavras, existem "erros certos" e "erros errados". Os certos são oriundos de uma postura arrojada, um tipo de equívoco justificável e aceitável. São deslizes que podem levar a novas visões da realidade, um tipo de "erro" fundamental para a proatividade de mercado. Algumas vezes erros "certos" são fruto mesmo de acidentes de percurso, a diferença, porém, é saber transformá-los em uma nova oportunidade.

> **Lembre-se:** levante o tapete dos erros, criando uma cultura em que as falhas são repartidas publicamente, gerando aprendizado.

AGENDA 4.0

RECOMENDAÇÕES EMERGENTES

Aprimore nos gestores as habilidades para análise de riscos de projetos de transformação digital.

Quando se trata do desenvolvimento de novos modelos de negócios digitais, no âmbito das empresas maduras, a análise de riscos financeiros, operacionais e de mercado muitas vezes desafia a lógica linear. Essa perspectiva exige novas competências dos gestores para empreender a transformação digital sem sobressaltos, sobretudo no que se refere aos riscos financeiros envolvidos. Via de regra, a avaliação de retorno financeiro dos projetos não se revela compensadora no curto prazo. Além disso, do ponto de vista operacional, as premissas clássicas de análise de riscos (impacto versus probabilidade de ocorrência) precisam ser revisitadas, devido ao ritmo acelerado das mudanças da era 4.0. Isso exige maior destreza dos gestores para equilibrar arrojo e prudência na tomada de decisões. Sabemos que posturas excessivamente defensivas podem fazer a empresa perder boas oportunidades para inovar (ou ate mesmo tirá-la do jogo competitivo, como aconteceu com a Kodak). Então é preciso disciplina e bom senso para saber a hora mais oportuna de pisar no acelerador ou no freio.

Avalie criticamente como as lideranças da empresa estão agindo diante dos erros ocorridos em projetos de transformação digital.

A implantação de novos negócios digitais ocorre em ambientes ágeis de trabalho, onde impera o método de tentativa e erro para calibragem de novos processos e testes de conceito. Essa dinâmica exige uma postura de muita abertura e tolerância dos líderes em face dos erros da equipe. O melhor a fazer é manter o engajamento e a motivação de todos diante das falhas de percurso. Nesse contexto, o erro jamais pode ser encarado como inimigo da produtividade, e sim como um aliado da criatividade.

LEITURAS ESSENCIAIS

***Vencedoras por opção: incerteza, caos e acaso –** Por que algumas empresas prosperam apesar de tudo?* Jim Collins e Morten T. Hansen, Editora HSM, São Paulo, 2012.

Prosperar diante da incerteza é uma competência para poucas empresas. Nesse livro, que é fruto de um projeto de pesquisa de nove anos, Collins e Hansen mostram que essas empresas vencedoras, chamadas por eles de "empresas 10X", têm uma liderança marcada por três comportamentos dominantes: "disciplina fanática, criatividade empírica e paranoia produtiva". Tais comportamentos são turbinados por uma "força motivadora central" que os autores denominaram "ambição de nível 5", uma espécie de devoção apaixonada que os líderes nutrem "por uma causa ou empresa que é maior do que eles próprios".

De acordo com a pesquisa dos autores, os líderes das "empresas 10X" não necessariamente lidam com os riscos de forma ousada, como muitas vezes se presume no mundo da gestão. Disciplina é a chave-mestra para lidar de forma equilibrada com riscos, mas sem perder o compasso da competição, através de uma visão antecipada das mudanças do mercado.

Rápido e devagar — Duas formas de pensar. **Daniel Kahneman, Editora Objetiva, Rio de Janeiro, 2012.**

Esse livro foi considerado "uma obra-prima" pelo *Financial Times*. Daniel Kahneman, ganhador do Prêmio Nobel de Economia, detalha nesse livro os dois sistemas — "rápido e devagar" — que moldam nossos comportamentos e julgamentos. A ideia de que nossa tomada de decisão é eminentemente racional é questionada nesse livro repleto de conceitos e insights valiosos para adotarmos em nossa vida pessoal e profissional.

Na introdução, Kahneman dá o tom do que pretende ao mergulhar com maestria nas "duas formas de pensar" que nos conduzem: "De modo que é isso o que pretendo para o bate-papo do cafezinho no escritório: aperfeiçoar a capacidade de identificar e compreender erros de julgamento e escolha, nos outros e afinal em nós mesmos, propiciando uma linguagem mais rica e mais precisa para discuti-los. Pelo menos em alguns casos, um diagnóstico acurado pode sugerir uma intervenção para limitar o dano que julgamentos e escolhas ruins muitas vezes ocasionam".

Um conteúdo indispensável para gestores neste tempo de incertezas.

Como vimos, as atitudes relativas à gestão da incerteza são fundamentais para que a empresa desenvolva a habilidade de lidar com o risco e o erro, duas capacidades vitais para a proatividade de mercado. Mas só isso não basta. É preciso preparar as pessoas para a proatividade. É o que trata o segundo pilar da Mandala, a gestão do comportamento proativo.

Pilar 2 - Gestão do comportamento proativo

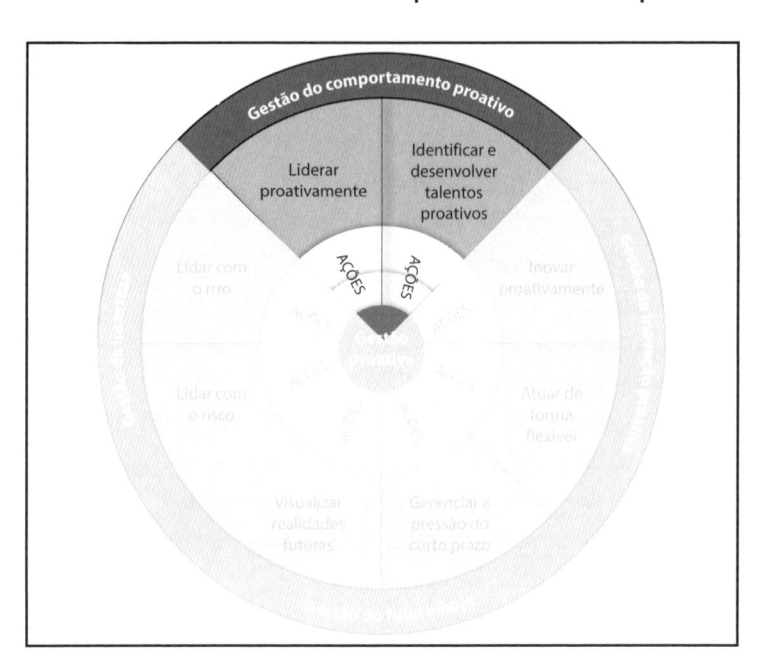

Abordamos o comportamento proativo a partir de duas questões fundamentais. A primeira delas diz respeito ao aspecto da liderança. Gestores proativos — não importa em que posição hierárquica ou função — devem ser os agentes iniciais da mudança, promovendo e facilitando o comportamento proativo das pessoas. A segunda questão remete a como a empresa identifica e desenvolve indivíduos proativos e os mantém em seus quadros. Adotamos aqui a lógica de que o comportamento proativo — como todo comportamento — pode ser gerido de forma deliberada. As questões dispostas representam as duas capacidades que devem ser gerenciadas na gestão do comportamento proativo: a capacidade de liderar proativamente e a capacidade de identificar e desenvolver pessoas proativas.

Capacidade de liderar proativamente

Se empresas proativas são formadas por pessoas proativas (para reproduzir uma fala que ouvimos de muitos gestores), essas pessoas só exercerão a proatividade de forma efetiva se os estrategistas da empresa souberem liderar proativamente. Para tanto, eles devem ultrapassar o estilo convencional de liderar (focado "somente" na eficiência da tarefa), adotando uma postura mais aberta e voltada à mudança.

Devem também fomentar o que denominamos "modo proativo de agir", ou seja, uma disposição pessoal marcada pela tomada de iniciativa e orientada para a antecipação.

Ação 1 – Liderar proativamente

Gerentes proativos são líderes "transformadores". Isso significa dizer que eles adotam mecanismos de direção diferentes dos líderes comuns, ao mesmo tempo em que não afastam as práticas convencionais de liderança quando estas se fazem necessárias. Isso nos leva a uma primeira compreensão fundamental: a liderança proativa não se distancia das ações reativas necessárias e tão presentes no dia a dia do gerenciamento (como quando se resolve uma reclamação de um cliente ou se atua sobre um problema relativo a um fornecedor), ela apenas não deixa que essas mesmas ações se transformem no centro de gravidade da gestão.

A prática da liderança proativa, em nosso ver, se sustenta sobre quatro atitudes fundamentais:

Inspiração. Líderes proativos explicam o sentido, plantam a confiança e geram o entusiasmo pela proatividade.

Estimulação. Líderes proativos estimulam a criatividade, o questionamento e o pensamento inovador.

Reconhecimento. Líderes proativos valorizam as individualidades, ou seja, as contribuições de cada pessoa ao objetivo da proatividade de mercado.

Carisma. Líderes proativos evocam admiração, respeito e confiança.

> *Lembre-se: líderes proativos acreditam na possibilidade de a empresa antecipar a mudança e tratam de inspirar essa crença nas pessoas.*

Em seu conjunto, essas quatro atitudes citadas fomentam o comportamento proativo das pessoas, encorajando-as a agir de forma autônoma e antecipada. Essa primeira capacidade, portanto, está intimamente ligada à segunda, que diz respeito ao modo proativo de agir.

Ação 2 – Fomentar o "modo proativo de agir"

O líder proativo é aquele que também promove a ação "para além da tarefa", instigando as pessoas a se anteciparem à mudança, tomando a iniciativa e não somente se restringindo a "entregar o que foi pedido". Essa postura é importante, pois a proatividade, enquanto uma estratégia externa, só será possível se a empresa for também proativa internamente.

Entendemos que a pró-ação — ou modo proativo de agir — é um entre quatro comportamentos genéricos que as pessoas acabam por adotar em relação a suas atribuições, tendo em vista o grau de iniciativa e o tipo de orientação que exibem em relação à mudança.

Muitos indivíduos não têm nenhuma iniciativa em mudar as condições que os cercam. São os indivíduos *inativos*. A inação é o polo oposto da pró-ação (sim, o contrário da proatividade não é a reatividade, como muito se pensa). Uma pessoa inativa no trabalho é aquela totalmente restrita à tarefa que lhe foi imposta. Exibe pouca ou nenhuma iniciativa, preferindo "deixar as coisas como estão". É o tipo de profissional que espera "o chefe mandar".

Note que essa postura é bem diferente da *reação*, atitude da pessoa que se adapta às circunstâncias, uma habilidade importantíssima no dia a dia profissional e pessoal. Cumprir ordens, seguir as regras e adaptar-se às novas situações: são ações de reação indispensáveis e requeridas. O problema, portanto, não é uma pessoa ser reativa, é ela ser reativa 100% do tempo!

Existem ainda as pessoas ativas, aquelas pautadas pela *ação*. Elas estão a meio caminho da proatividade, mas falta-lhes, por exemplo, maior autonomia dada pela empresa ou um pouco mais de empreendimento e confiança pessoal para tentar o novo.

Por fim temos o profissional proativo, aquele que busca modificar a situação para melhor, antecipando problemas e oportunidades. A pessoa proativa no trabalho vai além da tarefa, não se contenta apenas com a eficiência operacional. Ela desenvolve a *pró-ação*.

Diante desses quatro tipos de comportamentos, o papel do líder proativo será o de orientar as pessoas no sentido de uma evolução para a proatividade pessoal. Ele deve ter em mente que ser *inativo*, *reativo*, *ativo* ou *proativo* não é uma questão de genética, é uma questão de postura e disposição diante dos fatos.

> **Lembre-se:** a pessoa proativa no trabalho vai além da tarefa, não se contenta apenas com a eficiência operacional.

Mas para que todo esse esforço floresça, é necessário que a empresa detenha a habilidade de identificar e desenvolver os talentos proativos. O objetivo dessa capacidade é duplo: trazer para a organização pessoas com alto potencial de proatividade e, ao mesmo tempo, reter e desenvolver os talentos trazidos.

Capacidade de identificar e desenvolver pessoas proativas

O comportamento proativo, como qualquer outro comportamento no trabalho, é resultado de uma combinação de disposições pessoais e de aspectos ligados ao próprio ambiente profissional. Assim, características de personalidade das pessoas fazem com que elas sejam mais ou menos propensas a atuar proativamente. Ao mesmo tempo, fatores ligados ao ambiente de trabalho parecem influenciar um comportamento mais ou menos proativo por parte dos indivíduos. Caberá à empresa, dessa forma, reconhecer os fatores pessoais e ambientais que fazem com que os indivíduos acabem agindo de maneira mais (ou menos) proativa, tratando de intensificar aqueles de efeito positivo e de minimizar os de influência negativa. Ajudará, também, que a empresa desenvolva sistemas e estruturas que favoreçam a ação proativa por parte das pessoas e das equipes de trabalho.

Ação 1 – Identificar a proatividade pessoal

Essa atitude representa a habilidade da empresa em reconhecer a disposição dos indivíduos para agir proativamente. Essa identificação pode ser aplicada em relação a potenciais profissionais (pessoas que a empresa esteja pensando em contratar) ou em relação àqueles que já atuam na organização.

Para ajudar nessa tarefa, criamos uma lista com as dez características do profissional proativo. Elas revelam aqueles que são, em nosso entender, os comportamentos peculiares às pessoas mais proativas diante da vida e do trabalho:

1. **Inconformismo positivo:** o proativo é antes de tudo um inconformado. Ele tem pavor da mesmice e de ter que se adaptar às circunstâncias sem poder desafiá-las.

2. **Determinismo:** pessoas proativas não se intimidam diante das dificuldades e dos obstáculos. Pelo contrário, estes aguçam ainda mais sua vontade de avançar. Proativos sabem onde querem chegar e se esforçam para isso.

3. **Senso de oportunidade:** proativos não esperam pelas oportunidades, eles as criam. Proativos fazem acontecer, não se limitam aos acontecimentos.

4. **Iniciativa:** impossível existir proatividade pessoal sem tomada de iniciativa e antecipação prévia. Proativos iniciam e — importante — terminam o que começaram.

5. **Visão de futuro:** proativos vivem o hoje, mas sem esquecer o amanhã. Pensam sempre à frente, orientam-se pelo longo prazo. São guiados pelo futuro.

6. **Conectividade:** indivíduos de iniciativa atuam de forma conectada com as pessoas, valorizando parcerias e redes de relacionamento. A proatividade é uma prática social, ninguém é proativo sozinho.

7. **Autoestima:** proativos têm uma forte autoestima e crença em suas próprias capacidades. Ao mesmo tempo, reconhecem suas fraquezas de forma crítica e honesta, buscando aprimorar seus pontos fracos.

8. **Foco:** pessoas proativas centram seus esforços e sua energia no que podem modificar. Não deixam que as preocupações de fora de seu círculo de influência as desanimem.

9. **Responsabilidade:** proatividade rima com responsabilidade. Proativos assumem as rédeas da própria vida, com suas decisões e tomada de iniciativa.

10. **Renovação constante:** a proatividade é como as demais habilidades da vida: deve ser cuidada, aperfeiçoada, treinada e desenvolvida todos os dias, sem exceção.

> *Lembre-se: o profissional proativo, em suma, é aquele orientado para a mudança, que age de forma antecipada buscando impactar a realidade que o cerca.*

Além de identificar a proatividade pessoal por meio das características descritas, a empresa deverá desenvolver os talentos proativos em seus quadros. Ela também deverá cuidar da contratação e retenção de pessoas inovadoras e mais aderentes a uma postura de antecipação. Isso nos leva à segunda ação referente.

Ação 2 – Desenvolver a proatividade pessoal

Se a personalidade de uma pessoa exerce grande influência sobre sua disposição à proatividade, não é diferente com o contexto em que essa mesma pessoa atua. O ambiente organizacional, com suas políticas vigentes, regras e sistemas, enfim, com sua cultura própria, é visto como um antecedente relevante a influenciar o comportamento proativo dos indivíduos.

Dessa forma, o desenvolvimento da proatividade pessoal — ou seja, a atitude da empresa em promover o comportamento proativo — passa necessariamente pela análise das estruturas e normas da organização enquanto influenciadores desse mesmo comportamento. Diante disso, sintetizamos quatro características fundamentais do que chamamos de "ambiente proativo", ou seja, aquele espaço de trabalho propício ao desenvolvimento da proatividade pessoal.

As quatro características do "ambiente proativo"

Autonomia. Culturas proativas dão liberdade para as pessoas, para que possam decidir — pelo menos em boa parte do tempo — sobre o que fazer, quando fazer e como fazer. A autonomia faz crescer a autoconfiança dos indivíduos em suas próprias capacidades, encorajando-os a propor novas visões e ideias, atitudes essenciais no contexto da proatividade pessoal.

> *Lembre-se: se a cultura da empresa for refratária à proatividade, as ideias e os insights proativos talvez jamais aflorem e sejam implementados.*

Apoio dos líderes. Costuma-se dizer que essa postura de apoio representa "liderar os outros para que eles liderem a si próprios", encorajando as pessoas a partir para a ação, a superar seus próprios limites e a "correr atrás" de seus objetivos.

Confiança recíproca. Quando um profissional sente que seus colegas confiam em suas habilidades e em sua competência, ele tenderá a crescer em sua autoconfiança, aumentando a probabilidade de que venha a propor novas ideias e sugestões. A confiança entre colegas de trabalho diminui a aversão ao risco e ao erro, promovendo o aprendizado e a troca de experiências entre as equipes e direcionando as pessoas a serem mais abertas à mudança.

Relação custo-benefício. As pessoas irão "pensar duas vezes" antes de agir de forma antecipada se enxergarem nessa ação maiores riscos do que potenciais benefícios a sua imagem e carreira. Se os custos sociais de um eventual insucesso em uma ação proativa forem altos, muito provavelmente a pessoa com o potencial de executá-la poderá dar um passo atrás e recuar em sua intenção.

Vimos, até aqui, como o desenvolvimento da proatividade pessoal é decorrente de uma liderança proativa e da capacidade da empresa em identificar e desenvolver o comportamento proativo. Empresas proativas adotam estratégias para que seus líderes atuem de forma a promover a proatividade em seus quadros. Elas também procuram identificar a disposição à proatividade nas pessoas, buscando contratar indivíduos com essa característica e também aprimorar a capacidade de avaliá-la em suas próprias equipes.

AGENDA 4.0

RECOMENDAÇÕES EMERGENTES

Estimule ao máximo a diversidade técnica, cultural e de gerações na composição das equipes de trabalho.

Pessoas com background similar tenderão a produzir ideias convergentes, enquanto a nova era demanda justamente o contrário: pensamentos divergentes para gerar novas convergências e caminhos que levem a inovações disruptivas.

Faça uma análise aprofundada das habilidades cognitivas e comportamentais das lideranças estratégicas da empresa.

Pelo lado cognitivo, avalie e desenvolva competências que podem alavancar a transformação digital: visão sistêmica para solução de problemas complexos, raciocínio lógico apurado, visão de gestão em sintonia com a lógica exponencial.

Pelo lado comportamental, avalie habilidades ligadas à capacidade de inspirar e transformar pessoas através de um *propósito*. As novas gerações valorizam empresas movidas por *causas* que vão além dos objetivos tradicionais em negócios, como ofertar bons produtos/serviços, gerar empregos, ser ambientalmente responsável etc.

LEITURAS ESSENCIAIS

Aperte o F5: A transformação da Microsoft e a busca de um futuro melhor para todos. Satya Nadella (Editora Benvirá, São Paulo, 2018)

Esse livro é uma lição de liderança. O CEO da Microsoft Satya Nadella conta sua saga à frente da megatransformação cultural da empresa para encarar os novos desafios da era 4.0. O próprio Nadella deixa claro no livro o tamanho de seu desafio: "Todo mundo sabia que a Microsoft tinha perdido o trem da revolução dos dispositivos móveis e estávamos decididos a não deixar a revolução das nuvens passar". Com uma narrativa muito humana, fundada em valores, Nadella revela na obra as suas "...expectativas (três princípios de liderança) para todos os líderes da Microsoft":

1) "A primeira é esclarecer as coisas para os funcionários. Essa é uma tarefa básica que os líderes executam todos os dias, a cada minuto que passa. Para esclarecer é preciso sintetizar o complexo."

2) "Em segundo lugar, os líderes devem energizar não só a própria equipe, como a empresa toda. Os líderes precisam inspirar otimismo, criatividade, comprometimento e crescimento em épocas de vacas gordas e magras."

3) "Em último lugar, eles precisam encontrar uma maneira de atingir o sucesso, de fazer acontecer. Eles precisam levar os funcionários a se empolgar com as inovações; encontrar um equilíbrio entre o sucesso no futuro e os ganhos imediatos; e buscar soluções sem se deixar restringir por fronteiras, mantendo uma visão global."

A estratégia das 3 caixas: Um modelo para fazer a inovação acontecer. Vijay Govindarajan, (Editora HSM, São Paulo, 2016)

Esse é mais um livro essencial do guru de estratégia e inovação Vijay Govindarajan. Uma obra simples, pragmática e brilhante ao mesmo tempo. *A estratégia das 3 caixas* permite entender com clareza os desafios da inovação nessa perspectiva que abraça todos os negócios: passado | presente | futuro. As três caixas representam a linha temporal e devem ser gerenciadas com inteligência para fazer a inovação acontecer:

- Caixa 1: opere com a máxima eficiência no presente para promover inovações lineares no core business.

- Caixa 2: cuidado para não se prender ao passado, que "amarra" a empresa e trava a execução de novas estratégias.

- Caixa 3: busque, no presente, ideias não lineares que gerarão novos produtos e modelos de negócio.

O gerenciamento equilibrado das três caixas ajuda a pavimentar o caminho para a construção de estratégias de antecipação de mercado. Como já afirmamos aqui, vimos muitos pontos de identificação dessa obra de Govindarajan com nosso modelo conceitual de proatividade de mercado. Nossas pesquisas nos mostraram que as empresas proativas têm habilidades refinadas de aprender com o passado, ao mesmo tempo em que acompanham as mudanças do presente sem perder de vista o futuro, ou seja, rastreiam sistematicamente os sinais de mudanças vindouras no mercado e visualizam imagens futuras da competição.

Finalmente, as empresas proativas se preocupam em desenvolver a proatividade pessoal das pessoas, redesenhando suas práticas e sua cultura com vistas a dar mais espaço para a ação antecipatória. Todas essas ações desembocarão em pessoas mais aptas a atuar proativamente, tornando a empresa mais inovadora. Abordaremos na sequência justamente a questão da inovação e suas capacidades relacionadas.

Pilar 3 - Gestão da inovação proativa

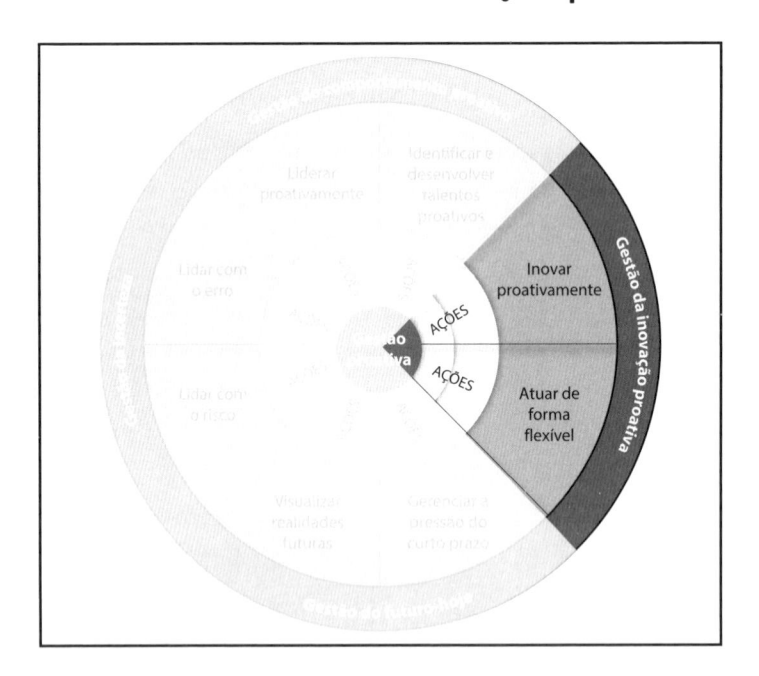

Chamamos de inovação proativa uma nova postura diante do processo inovador, realmente voltada a quebrar as regras de mercado vigentes. Essa atitude subverte o padrão reativo de inovação, uma das causas da reatividade de mercado e ainda bastante presente em muitas empresas. Além dessa capacidade de inovar proativamente, a gestão da inovação proativa requer uma disposição da empresa em atuar de forma mais flexível em relação às suas operações e hierarquias. É sobre essas questões que se conformam as capacidades e ações que descreveremos.

Capacidade de inovar proativamente

No âmbito da inovação proativa, o desafio para os gestores é justamente cultivar um *mindset* que desemboque em inovações radicais e não reativas ao mercado. Esse modelo mental deve ser fomentado por uma intenção de buscar resultados superiores através da inovação. Para que isso aconteça, deve-se reconhecer quais barreiras fazem com que a empresa tenha dificuldade em desenvolver inovações de natureza realmente antecipatória, trabalhando no sentido de removê-las ou neutralizá-las.

Ação 1 – Focar a inovação radical

De forma objetiva, pode-se definir a inovação radical como aquela focada em desenvolver algo totalmente novo, em oposição à inovação incremental, centrada na melhoria do que já existe.

Empresas proativas apostam na inovação radical. Embora reconheçam a importância da melhoria contínua para se protegerem dos ataques da concorrência e das exigências do mercado (como quando se aprimora a funcionalidade de um produto visando a torná-lo mais competitivo), elas não se limitam apenas a promover inovações incrementais.

Mas ultrapassar o incrementalismo não é uma tarefa corriqueira. Acostumadas às inovações de melhoria, grande parte das empresas acaba por esbarrar em seus próprios paradigmas ao tentar transpor a linha divisória entre a ação inovadora incremental e aquela radical. Em nosso ponto de vista, esses paradigmas se traduzem em duas barreiras principais, que denominamos "os dois receios da inovação radical". São eles, o "receio do canibalismo" e o "receio da rejeição".

Os dois receios da inovação radical

Receio do canibalismo. Representa o medo da empresa de destruir suas próprias criações, seus produtos icônicos, as vantagens que conquistou. Como dizemos muitas vezes nos reportando ao canibalismo, não espere seu barco ser atingido pelos torpedos da concorrência, afunde-o antes e construa um barco novo! Apple, Intel, Gilette e HP são exemplos de empresas proativas que buscam constantemente extinguir suas próprias ofertas, em muitos casos quando estas ainda estão no auge de popularidade.

Receio da rejeição. Revela o medo da empresa de não ter suas inovações radicais aceitas pelo mercado. A estratégia para vencer o receio da rejeição é justamente tornar essa possibilidade de não aceitação a menor possível. Para tanto, a empresa deverá deter a habilidade de influenciar e preparar os consumidores para entender e aceitar as inovações radicais que coloca no mercado.

> **Lembre-se: não espere seu barco ser atingido pelos torpedos da concorrência, afunde-o antes e construa um barco novo!**

A superação dos dois "receios" que listamos tornará a empresa mais apta a se tornar uma inovadora radical. Para tanto, ela deverá ultrapassar, também, a subordinação ao mercado e suas demandas. É do que trata a segunda ação respectiva.

Ação 2 – Não subordinar a inovação ao mercado

Será muito difícil que uma empresa seja proativa se subordinar suas ações inovadoras às exigências dos clientes ou aos movimentos da concorrência. Nesse ponto inicial, convém deixarmos uma questão bem clara: não subordinar a inovação ao mercado não significa virar as costas às demandas dos consumidores, mas, sim, justamente não confinar a inovação às demandas explícitas do mercado. Também não significa negligenciar os movimentos dos concorrentes, mas cuidar para que a inovação não se transforme em mera fotocópia das ações inovadoras das empresas rivais.

Grande parte das empresas acaba por tomar ao pé da letra o velho mantra do marketing, "escute os consumidores", confiando que estes possam gerar *insights* para a criação de ofertas inusitadas. O problema é que, tratando-se de inovações radicais, os consumidores simplesmente não conseguem imaginar o que seria possível existir. Eles podem fornecer informações relevantes sobre as ofertas existentes, é verdade, mas têm pouco a contribuir quando se busca desafiar proativamente o padrão da oferta vigente. É preciso, portanto, que a escuta da empresa seja sensível também às necessidades que os consumidores não conseguem articular, contemplando também suas preferências e necessidades latentes.

> **Lembre-se: tratando-se de inovações radicais, os consumidores simplesmente não conseguem imaginar o que seria possível existir.**

A segunda capacidade da *inovação proativa* diz respeito ao gerenciamento flexível.

Capacidade de gerenciar de forma flexível

Argumenta-se, já há algum tempo, que organizações mais maleáveis e abertas propiciam terreno fértil para a ação inovadora, enquanto formas mais burocráticas e fechadas de administração acabam por solapar um modelo inovador arrojado. Assim, o conceito de gerenciamento flexível que adotamos traduz essa postura mais elástica e afeita à mudança, mas que nem por isso negligencia o controle e a supervisão, estas últimas sendo condições que nunca podem ser totalmente afastadas da prática gerencial. Esse gerenciamento flexível, por sua vez, depende em muito da própria arquitetura estrutural da empresa. Em outras palavras, empresas que denominamos "rígidas" acabarão refletindo um gerenciamento mais mecanicista, ao passo que organizações com um design estrutural mais flexível propiciarão que os gestores atuem de forma mais maleável e proativa.

Algumas características básicas separam as empresas rígidas daquelas flexíveis. Primeiramente, vemos que as empresas flexíveis revelam uma estrutura de decisão descentralizada, a qual confere maior liberdade para as pessoas agirem. Realidade diferente daquela encontrada nas empresas rígidas, onde a centralização das decisões geralmente acaba tolhendo a criatividade e a postura inovadora dos indivíduos.

Empresas flexíveis operam, ainda, sem uma excessiva formalização de procedimentos normativos e regras, o que cede espaço para ações contingentes, como se diz, "fora da cartilha". Nas empresas rígidas, ao contrário, procedimentos rigorosos e regras incontestáveis acabam por dificultar a aprendizagem em termos de tomada de decisão.

Duas ações caracterizam as empresas mais flexíveis:

Ação 1 – Suplantar o dilema "controle versus concessão"

O controle representa um dos princípios gerenciais mais salientes e consagrados da prática administrativa. Abdicar do controle — nos dizem muitos executivos — seria como renunciar ao próprio gerenciamento. Ao mesmo tempo, esses mesmos executivos sabem que o excessivo controle tem efeitos colaterais maléficos para o processo inovador. Mergulhados nesse antagonismo, torna-se difícil aos gestores encontrar um balanceamento que chamaríamos de "equitativo" entre o controle, de um lado, e a concessão, de outro. Não se trata nem de abolir o controle e nem de transformá-lo em uma camisa de força gerencial, e aí reside o desafio.

Gestores que não conseguem renunciar a nenhuma parcela de controle acabam por adotar o que chamamos de "gerenciamento austero". Sua conduta caracteriza-se pelo extremo controle e o mínimo de concessão. Para utilizar uma metáfora conhecida, gestores austeros veem-se como "maestros" de uma grande orquestra, a controlar todo e qualquer movimento dos músicos a sua frente.

Já no outro extremo desse posicionamento temos o "gerenciamento permissivo". Aqui há uma excessiva concessão em detrimento do controle. Essa postura permissiva, importante esclarecer, não é propriamente deliberada, mas, sim, fruto de uma delegação sem a complementar competência de supervisão. Essa postura não intencional tem, na maioria das vezes, consequências desastrosas.

Finalmente, e buscando uma saída balanceada entre essas duas posições extremas, o gerenciamento flexível pauta-se pelo equilíbrio entre a postura austera e a permissiva. Em outras palavras, não se trata de imaginar o gerenciamento sem nenhum controle, mas, sim, com o mínimo de controle exigido para seu próprio funcionamento e eficiência. Esse mínimo é contingente, o que isso significa que em algumas situações o gerenciamento flexível se movimentará mais para o lado da concessão, abdicando de maior controle de forma momentânea e voltando a controlar tão logo a situação o exigir; e em outras, cederá espaço para um maior controle, também em momento específico e retornando à flexibilidade assim que se julgar procedente.

> **Lembre-se:** o gerenciamento flexível pauta-se pelo equilíbrio entre a postura austera e a permissiva.

Para sintetizar essa postura flexível, podemos imaginar a tensão entre a concessão e o controle como uma corda estendida ao extremo. Corta-se a corda e estará resolvida a questão? De forma alguma! Isso porque algo maior terá sido avariado, ou seja, a própria existência da tensão abolida, essencial para o funcionamento de uma prática de gestão que chamaríamos de "harmoniosa". O gerenciamento flexível, assim, em vez de cortar a corda, tratará de esticá-la e afrouxá-la de acordo com o que a situação exigir.

Com gerenciamento do controle, a empresa flexível promove também a cooperação entre as equipes de trabalho, foco da segunda ação.

Ação 2 – Suplantar o dilema "competição versus cooperação"

Um aspecto comumente relacionado à inovação diz respeito ao que se denomina competição interna. De forma mais específica, admite-se que a rivalidade entre distintos grupos de trabalho dentro de uma mesma empresa tenha impacto positivo sobre a ação inovadora. Nesse cenário, equipes são encorajadas a competir entre si na geração de inovações, o que pode envolver, por exemplo, a concorrência entre projetos distintos atuando sobre novos produtos, serviços e tecnologias. Ao mesmo tempo, porém, denuncia-se os efeitos colaterais de fomentar essa rivalidade intrafirma. Nesse raciocínio, a cooperação interna entre as equipes de trabalho é apontada como uma opção mais benéfica e eficaz.

O conceito de "coopetição" tem sido usado para descrever uma saída harmoniosa entre os polos da competição e da cooperação destacados. Em síntese, há coopetição quando duas empresas cooperam em determinado negócio (comprando de forma conjunta para baixar custos ou partilhando expertises, por exemplo), mas seguem competindo pelo mercado. O raciocínio aqui é o de que a existência de cooperação não revoga a competição, e vice-versa. Acreditamos que a lógica dessa abordagem possa ser aplicada no contexto interno das empresas.

> *Lembre-se: a cooperação não revoga a competição, e vice-versa.*

A coopetição envolverá sempre diferentes graus de cooperação e competição, ora direcionando-se para um, ora para outro dos extremos, sem nunca, no entanto, abolir por completo nenhum deles. O quanto de competição e colaboração será adotado dependerá, em última análise, das contingências do momento e da própria cultura da empresa. Existem organizações em que altos níveis de competição interna são bem assimilados pelos indivíduos, ao passo em que em outras, essa prática se mostra muito pouco aderente aos valores vigentes.

O gerenciamento flexível na forma como o estamos propondo deverá, assim, promover o equilíbrio entre as estratégias de competição e de colaboração. Talvez o maior desafio nesse sentido seja evitar a separação entre perdedores e vencedores, quase que inevitável quando se adotam políticas de fomento à rivalidade interna. Nesse caso, a adoção conjunta de práticas de premiação e incentivo coletivas (as pessoas ou equipes podem ser premiadas individualmente, mas também em relação ao resultado global da empresa), bem como a ênfase nos benefícios de aprendizado (não há perdedores, somente ganhadores, já que todos são favorecidos pelo aprendizado gerado) são artifícios citados como benéficos.

AGENDA 4.0

RECOMENDAÇÕES EMERGENTES

Inclua a transformação digital no pipeline de inovação da empresa.

A transformação digital abre várias avenidas de inovação, tanto para a oferta de novos produtos e serviços quanto para a otimização de processos e sistemas que alavancam a produtividade. Empresas com DNA proativo estão sempre buscando caminhos de antecipação de mercado, e nesse processo, as tecnologias digitais representam uma poderosa via para fazer as inovações disruptivas saírem dos planos e se tornarem realidade no mercado.

Insira a empresa em algum ecossistema de inovação do setor para aportar novos conhecimentos.

A prática de *open innovation* (inovação aberta) é uma valiosa estratégia para turbinar processos de desenvolvimento de novos produtos, além de contribuir para fortalecer a cultura de inovação na empresa. O relacionamento com startups, seja qual for seu formato jurídico e funcional, será sempre oportuno para a empresa vislumbrar novas perspectivas para inovar.

LEITURAS ESSENCIAIS

The innovator's method: Bringing the lean startup into your organization. **Nathan Furr e Jeff Dyer, Harvard Business Review Press, 2014.**

Muito se escreve e se debate sobre inovação hoje em dia, mas temos visto livros rasos, discussões despretensiosas e muitas pessoas evocando o tema sem os fundamentos indispensáveis (é o que chamamos de teóricos pós-visita ao Vale do Silício). Esse livro é um contraponto dos mais relevantes a essa realidade superficial de abordagem da inovação. Os autores Furr e Dyer fazem parte de uma rede de pesquisadores de inovação de primeiríssima linha (basta dizer que o prefácio superelogioso é do mestre Clayton Christensen).

Para escrever *The innovator's method*, eles se apoiaram em um excelente modelo conceitual de pesquisa, que reforça a qualidade da obra e fortalece o método proposto.

Com bons exemplos e ferramentas eficientes, o livro ensina como colocar a inovação na prática. Logo no início, traz esta lição impactante: ações são sempre mais fortes do que qualquer plano de negócio!

Concordamos com Christensen em seu prefácio: os autores conseguiram "amarrar" o processo de inovação do princípio ao fim, mostrando de forma clara a interdependência entre as partes. Abordam com maestria a sequência do processo inovador: a ideia | o problema | a solução | o modelo de negócio.

Uma obra que reforça esta máxima: "não há nada mais prático do que uma boa teoria". Leitura muito útil para empreendedores que estão prestes a apostar em um negócio novo e também para gestores de negócios maduros.

O estilo startup: Como as empresas modernas usam o empreendedorismo para se transformar e crescer. Eric Ries, Editora Leya, Rio de Janeiro, 2018.

Eric Ries criou a metodologia "startup enxuta", que dá título ao seu primeiro livro, lançado em 2011 e que se tornou um _best-seller_ mundial. Nessa obra, Ries mostra os caminhos do sucesso para o lançamento de novos produtos.

Em seu mais recente livro, _O estilo startup_ (2017), Eric Ries aborda os princípios-chave de uma nova filosofia de trabalho, baseada em inovação e transformação contínuas, para a empresa ser capaz de enfrentar os novos desafios da era 4.0 e sustentar um crescimento de longo prazo. Ries aborda casos de empresas tradicionais como GE e Toyota, além da experiência de inovadores da era digital como Airbnb, Dropbox e Amazon.

Ser uma empresa grande com alma de startup é um desejo estratégico de muitas organizações envolvidas em processos de transformação digital. No livro, Eric Ries mostra a densa jornada de implantação do chamado "estilo startup".

As capacidades de inovar proativamente e de gerenciar de forma flexível até aqui descritas constituem-se em premissas fundamentais no escopo da gestão da inovação proativa, uma dimensão importante para organizar a empresa para a proatividade de mercado. Trataremos agora da gestão do futuro-hoje, a quarta e última dimensão da gestão proativa.

Pilar 4 - Gestão da inovação proativa

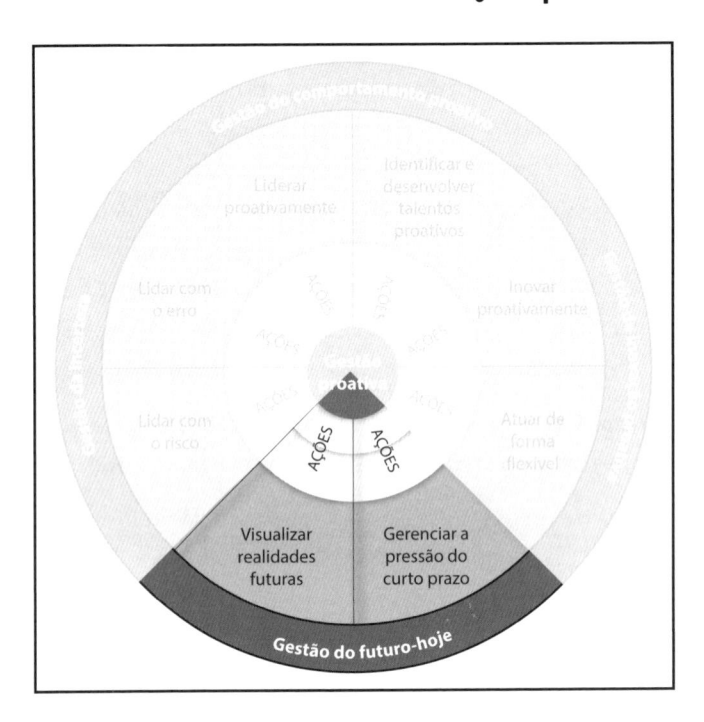

Denominamos "futuro-hoje" uma nova visão em relação ao futuro, em que este é tido não como algo que está por vir, mas, sim, como uma realidade que se constrói no presente. Acreditar no futuro-hoje traduz a refinada habilidade dos estrategistas de "agir no presente tendo em vista o futuro". O exercício dessa habilidade, no entanto, só se efetiva se a empresa detiver as capacidades de imaginar realidades futuras e de romper com o que denominamos "pressão do curto prazo". A capacidade de imaginar realidades futuras é uma condição essencial para que a empresa explore a mudança no mercado de forma mais efetiva. A capacidade de vencer a "pressão do curto prazo", por sua vez, representa uma postura que consegue equilibrar as demandas por resultados e metas — cada vez mais breves em termos de consecução — com estratégias de maior alcance.

Capacidade de visualizar realidades futuras

Em plena era digital, a maioria das empresas continua a limitar a análise do futuro às técnicas e aos métodos tradicionais de prognóstico. Embora essas ferramentas sejam úteis em ambientes estáveis, de mudanças lentas e previsíveis, têm pouca contribuição a dar em tempos mais aleatórios como os que vivenciamos. A capacidade de visualizar o futuro, como a concebemos, parte de uma postura estratégica bem diferente. Em vez de buscar prever o futuro, a empresa procura captar os sinais que ele possa estar emitindo, ou até mesmo imaginar futuros possíveis. Para tanto, duas atitudes são indispensáveis: a empresa deverá aprender a captar os sinais que toda mudança sempre emite antes de sua chegada, rastreando o que chamamos de *realidade indeterminada*, e deverá, também, desenvolver a habilidade de explorar a *realidade incerta*, imaginando mudanças potenciais e trabalhando para transformar essa imaginação em realidade.

Ação 1 – Rastrear a realidade indeterminada

Sinais da mudança estão por toda a parte: nos jornais e nas revistas, nas entrelinhas do discurso da força de vendas, no oceano informacional da internet, nas reclamações postadas em um blog, nos rumores sobre a venda de um competidor importante, na conversa entre duas pessoas na fila de espera do aeroporto, na lista dos livros mais vendidos, nas atitudes de crianças em uma festa infantil. Onde a empresa deve procurá-los? Quais levar em conta? Como separar os sinais relevantes dos ruídos sem valor?

Idealizamos um instrumento acessório justamente para que os estrategistas não se percam nesse emaranhado de sinais descrito: o *radar da mudança*. Como mostra a Figura 4-1, essa ferramenta reparte a realidade indeterminada em quatro quadrantes distintos, considerando a origem e a intensidade dos sinais emitidos pelo mercado.

Em relação à origem, entendemos que a empresa deve rastrear sinais nos limites do mercado em que atua e em mercados para além de seu foco de atuação. Em relação à intensidade, deverá prestar atenção aos sinais fortes do mercado, mas ainda mais naqueles tênues e por vezes quase imperceptíveis. No centro do radar encontram-se as três dimensões da proatividade de mercado — Oferta, Cadeia de Valor e Cliente (que descreveremos no próximo capítulo) — em relação às quais serão convergidos os esforços de rastreamento da empresa.

> *Lembre-se: empresas que partem para captar sinais de mercado de forma desenfreada e sem critério acabam soterradas por uma avalanche de informações.*

FIGURA 4-1

O radar da mudança

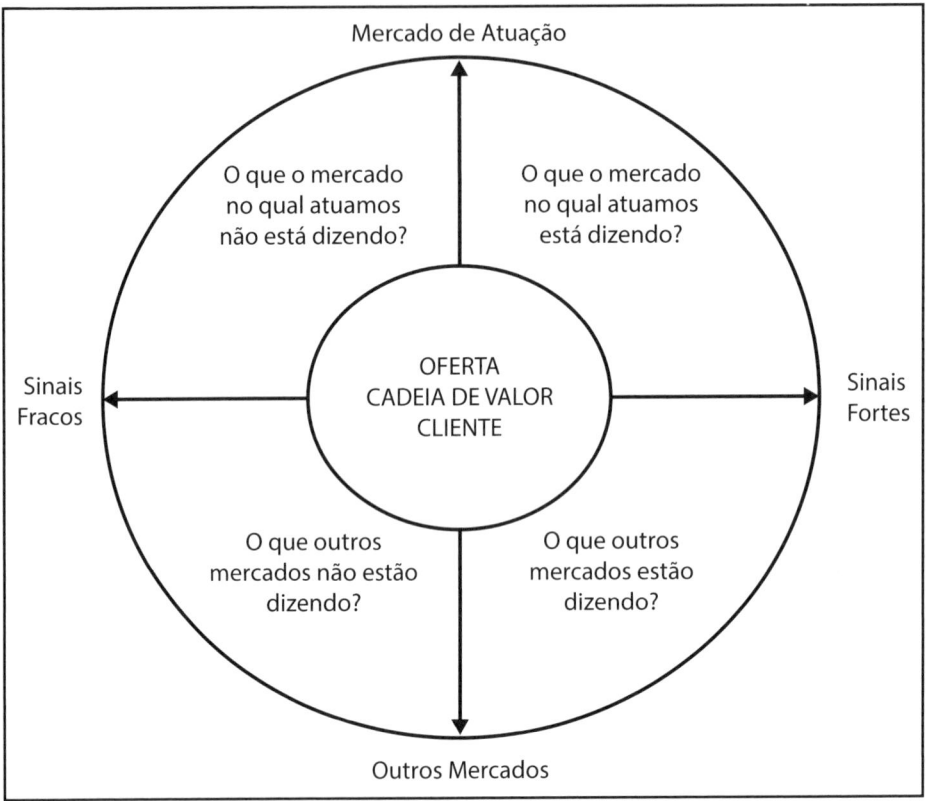

Entendemos que o radar da mudança seja um instrumento valioso se utilizado na perspectiva completa de 360°. A varredura por sinais de diferentes intensidades e em diferentes mercados diminui de maneira drástica a chance de que a empresa deixe passar despercebido algum sinal, ao mesmo tempo em que a auxilia a identificar aqueles que lhe são realmente relevantes, uma expertise vital para que a capacidade de visualizar o futuro seja posta em prática.

> *NOTA: No Apêndice 2 apresentamos em detalhes o funcionamento dessa ferramenta.*

Mas essa capacidade será ainda mais produtiva se a empresa desenvolver também a habilidade de explorar a realidade incerta, partindo para criar a própria mudança de forma deliberada. É esse o foco da segunda ação descrita.

Ação 2 – Explorar a realidade incerta

Se no exame da realidade indeterminada a empresa busca identificar os sinais da mudança para antecipar sua ocorrência, na exploração da realidade incerta ela parte para criar a mudança por conta própria. Empresas que agem dessa forma são duplamente ambiciosas: elas não se contentam apenas em responder antecipadamente à mudança, mas buscam, além disso, criá-la e guiar o mercado a partir daí. Empresas que constroem a mudança dessa maneira não se satisfazem apenas em enxergar antes, elas buscam também "enxergar diferente".

Já vimos que a realidade incerta representa um estado futuro que não se sabe se ocorrerá. Ela é uma terra incógnita, da qual partem sinais muito fracos, ou até nenhum sinal. Isso torna sua exploração mais arriscada, o que na maioria das vezes acaba por intimidar os estrategistas menos arrojados.

Vemos frequentemente como a ambiguidade e as dúvidas atreladas ao futuro incerto acabam por afastar as empresas de horizontes desconhecidos (e muitas vezes promissores). Esse receio se justifica: a exploração da realidade incerta não deixa de ser, pelo menos em parte, um salto no escuro. Acreditamos, porém, que esse salto possa ser iluminado, diminuindo o risco de que a empresa termine caindo em um precipício ao buscar terreno firme em sua exploração da realidade incerta. Veremos agora como fazer isso.

> **Lembre-se:** empresas proativas não se contentam apenas em responder antecipadamente à mudança. Elas buscam, além disso, criá-las e guiar o mercado a partir daí.

Construindo imagens do futuro

Nossa abordagem para a exploração da realidade incerta baseia-se na construção do que denominamos "imagens do futuro". Esse processo ancora seus argumentos no método de planejamento de cenários, reconhecido modelo gerencial voltado a auxiliar a tomada de decisão diante da incerteza.

O processo que idealizamos coloca as imagens do futuro como pano de fundo para a criação da mudança. Em outras palavras, a empresa desenha realidades que não existem (imagens), passando a especular sobre as mudanças que fariam sentido em relação às realidades imaginadas. Ao materializar essas mudanças que têm potencial de ser criadas nas dimensões da Oferta, Cadeia de Valor e Cliente, ela, na verdade, estará partindo para criar as realidades que imaginou.

Para facilitar o entendimento desse processo, representamos as imagens do futuro como um holofote a iluminar a realidade incerta, clareando o campo de visão em relação ao futuro nas dimensões da Oferta, da Cadeia de Valor e dos Clientes (Figura 4-2). Ao projetar o feixe de imagens sobre a realidade incerta, o holofote auxilia a empresa a enxergar as mudanças potenciais que fariam sentido em relação às imagens criadas.

FIGURA 4-2

O holofote de imagens futuras

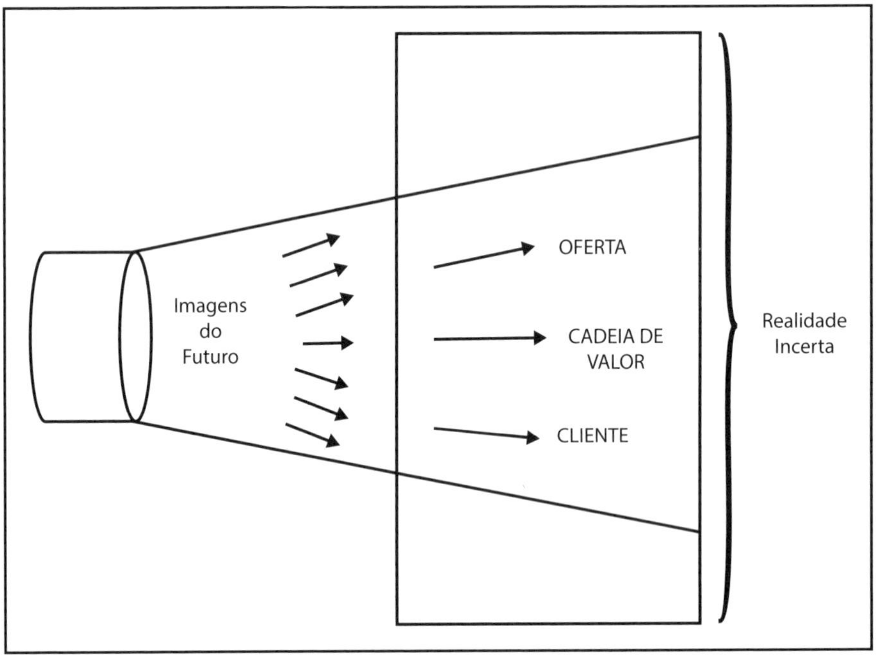

Importante ressaltar que essas imagens do futuro não constituem tentativas de previsão. Elas são, antes, especulações sobre diferentes futuros possíveis, desenhos de futuros alternativos que podem, ou não, se concretizar. Enfatizamos esse ponto, pois muitas vezes os estrategistas são traídos pela autoconfiança em seu poder de imaginar o futuro e acabam seduzidos pelas próprias imagens que criaram. Não raro, elegem uma imagem preferida — geralmente por confirmar expectativas inconscientes a respeito do futuro —, a qual passa a balizar de forma absoluta as decisões estratégicas. Isso acaba por reduzir de forma drástica a visão sobre múltiplas possibilidades de futuro, uma postura que poderá trazer consequências deletérias à empresa.

Para não desembocar na mera predição descrita, o processo de construção de imagens deverá envolver o delicado equilíbrio entre a imaginação a respeito do futuro e o senso de realidade do presente, o que denominamos "imaginação calibrada".

A imaginação calibrada representa o balanceamento entre a lógica e a intuição, entre a imaginação e a disciplina. Se quando partem para explorar o futuro os gestores devem transcender o simples exame analítico dos fatos, eles não podem cair no outro extremo, apostando em meros palpites a respeito do futuro enquanto cruzam os dedos para que estejam certos. Como costumamos dizer, "estrategistas não jogam dados".

Dessa forma, precavidos quanto ao canto da sereia da previsão e cientes de que a incerteza pode ser explorada em favor da empresa, os estrategistas terão maiores chances de ser bem-sucedidos no processo de construção de imagens.

> NOTA: No Apêndice 2 apresentamos em detalhes o funcionamento dessa ferramenta.

A capacidade de visualizar o futuro que viemos discutindo até aqui, em síntese, pressupõe transcender a visão do futuro como algo para além do controle humano. Empresas proativas devem adotar uma nova visão sobre o amanhã, passando a rastrear futuros pulsantes e explorar futuros potenciais de forma organizada e sistemática. Mas isso só ocorrerá se a empresa souber lidar com uma das grandes tensões gerenciais da atualidade: o equilíbrio entre as necessidades do hoje e as oportunidades do amanhã.

Assim, encerramos este capítulo descrevendo a segunda capacidade no escopo da gestão do futuro-hoje: a capacidade de gerenciar a pressão do curto prazo.

Capacidade de gerenciar a pressão do curto prazo

O conflito entre as exigências do curto e do longo prazo constitui uma das grandes tensões gerenciais da atualidade. Como pensar o longo prazo quando os sócios, acionistas e investidores são cada vez mais sequiosos por retornos imediatos? Como arriscar movimentos futuros de maior incerteza, se as métricas de desempenho seguem premiando o retorno presente? Dessa forma, cada vez mais premidos pelas exigências do chamado "capital impaciente", os gestores acabam passando ao largo de estratégias mais ousadas e de retorno nem tão imediato. Partimos para estudar as atitudes e ações que poderiam auxiliar os gestores a vencer esse desafio. Descobrimos que as empresas proativas equilibram o foco nas demandas do curto e do longo prazo, com suas díspares rotinas e exigências, naquilo que denominamos "balança do gerenciamento". Descobrimos também que essas empresas criam uma verdadeira "cultura do longo prazo", ancorada em métricas e incentivos que abrem espaço para estratégias de retorno futuro.

Antes de tudo, uma diferenciação importante: convém deixar claro que a pressão do curto prazo como aqui descrita não se confunde com o gerenciamento de curto prazo. Enquanto o *gerenciamento de curto prazo* diz respeito às ações necessárias do presente, a *pressão do curto prazo* representa uma ênfase exagerada nessas mesmas ações. Em síntese, gerenciar a pressão do curto prazo não significa deixar de priorizar o presente, mas, sim, encontrar espaço também para o longo prazo na agenda estratégica da empresa. Trata-se de combinar o curto prazo e o longo prazo de forma eficiente e pragmática. Passemos agora à primeira ação relativa a essa capacidade.

Ação 1 – Equilibrar a balança do gerenciamento

A vida empresarial — assim como a de todos nós — é feita de objetivos conflitantes. Crescer e manter a lucratividade, manter a eficiência operacional e inovar, cuidar dos resultados presentes e agir tendo em vista o futuro. O principal desafio de um gestor consiste justamente em dar conta desses objetivos de forma concomitante, sem ser por eles paralisado ou solapado.

No campo da proatividade de mercado, esse dilema se acentua. Estratégias proativas requerem um compromisso da empresa com o longo prazo, com retornos de um horizonte mais longínquo, com a incerteza e o risco que orbitam toda ação voltada a antecipar a mudança.

Uma primeira questão é notar que a superação do dilema descrito não pressupõe uma escolha (como muitas vezes se pensa), mas, sim, complementaridade. Quando resolvemos um conflito optando simplesmente por um de seus polos antagônicos, estamos na verdade negando que esse conflito existe. Dessa forma, não se trata de priorizar o crescimento ou o lucro, a eficiência ou a inovação, o hoje ou o amanhã. Trata-se de conciliar a busca desses objetivos — aparentemente — contrários de forma simultânea. Em vez de A "ou" B, escolhemos A "e" B. Gostamos de representar essa sutil harmonia como uma balança, cujo movimento, sabemos, depende de uma distribuição equilibrada dos pesos em seus extremos.

FIGURA 4-3

A balança do gerenciamento

Demandas do curto prazo		Demandas do longo prazo
Rotinas		**Rotinas**
Eficiência operacional	⟷	Experimentação e inovação
Alocação de recursos	⟷	Otimização dos recursos
Redução de custos	⟷	Investimentos futuros
Objetivo		**Objetivo**
Resultado do exercício	⟷	Criação de valor

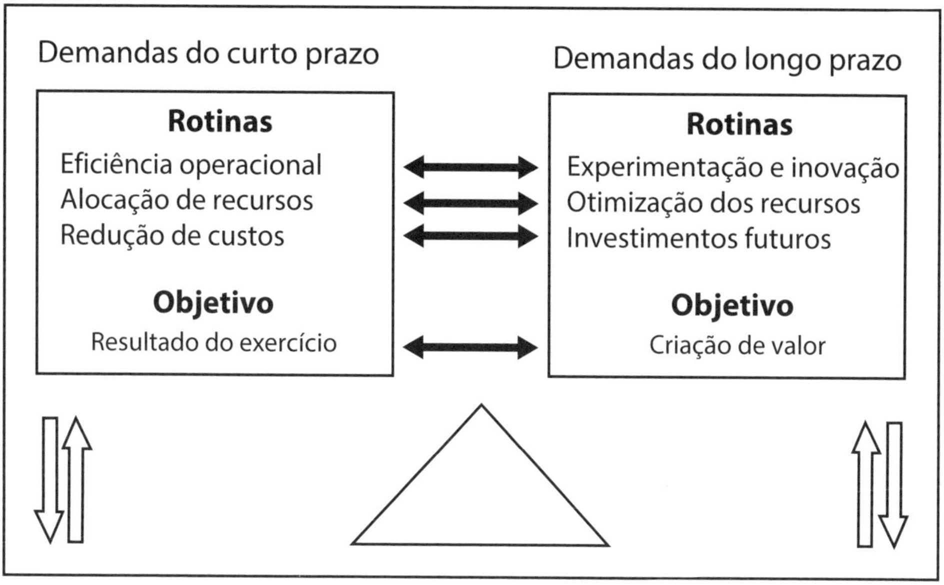

Em nossa "balança do gerenciamento" (Figura 4-3), os pesos são as demandas de curto e de longo prazo com as quais todo gestor se confronta em seu dia a dia. Note que as demandas do curto e do longo prazo apresentam rotinas e objetivos absolutamente distintos. No curto prazo persegue-se a eficiência operacional, traduzida na busca da melhoria contínua, no aumento da produtividade e na competência em processos. A alocação de recursos é sempre alinhada às projeções orçamentárias, buscando-se preservar as metas de resultado estipuladas. A busca incansável pelo menor custo e pela redução de desperdícios completa esse quadro de exigências. Todas essas demandas servem a um objetivo comum: alcançar os resultados de curto prazo estabelecidos.

Já as demandas do longo prazo são bem diferentes. Elas se traduzem na experimentação e na inovação, matérias-primas indispensáveis para a proatividade de mercado. Recursos — sejam financeiros, materiais ou humanos — são gerenciados de forma mais flexível, buscando sua otimização e não apenas adequação ao orçamento, e há maior espaço para investimentos futuros de retorno não imediato. O horizonte para onde se voltam todas essas demandas não é o puro alcance do resultado do exercício, mas, sim, a criação de valor no longo prazo para a empresa.

> *Lembre-se: estratégias proativas requerem um compromisso da empresa com o longo prazo.*

Como equilibrar a balança do gerenciamento de forma eficaz? Para serem bem-sucedidos nessa empreitada, os gestores devem desenvolver o que se denomina postura ambidestra. Em síntese, empresas ambidestras detêm a habilidade de atender satisfatoriamente a duas demandas contraditórias, por exemplo, eficiência operacional e flexibilidade, estratégias de baixo custo e de diferenciação, e, no nosso caso, estratégias proativas (de longo prazo) e reativas (de curto prazo).

Uma postura ambidestra pode ser ativada gerenciando-se as demandas conflitantes em unidades separadas. É o que acontece, por exemplo, quando uma empresa cria uma nova unidade estratégica voltada à inovação e à experimentação, fisicamente destacada e totalmente autônoma da unidade da qual se desagregou. A empresa pode trabalhar demandas contraditórias de curto e de longo prazo, também, sob o teto de uma mesma unidade, mas desde que separadas temporalmente. Nesse caso, a empresa alternará sua ação estratégica entre períodos de foco no curto prazo com outros de foco no longo prazo. Finalmente, uma terceira via ressalta que a empresa poderá dar conta da balança do gerenciamento ao mesmo tempo e sob a mesma unidade, apostando na capacidade dos indivíduos em gerenciar as demandas do curto e do longo prazo de forma sincronizada.

Salientamos que não há uma forma organizacional ótima para se equilibrar a balança do gerenciamento e suas demandas. O sucesso das vias citadas é contingencial e bastante dependente da habilidade da empresa em gerenciar o modelo adotado. Entretanto, entendemos que outra variável tenha um grande peso na busca desse equilíbrio, podendo ajudar a empresa a lidar melhor com a dicotomia curto prazo–longo prazo. Essa variável diz respeito a uma cultura voltada a promover as decisões de longo prazo, motivando e encorajando os estrategistas a adotar uma visão mais ampla em relação ao futuro.

Ação 2 – Criar uma cultura do longo prazo

Uma cultura do longo prazo é aquela cujos princípios promovem uma visão mais equilibrada entre as demandas do "hoje" e do "amanhã", engajando todos os interessados na organização na busca dessa perspectiva.

Para que se crie e cultive uma cultura com essa característica, no entanto, é necessário que a empresa adote e passe a utilizar duas ferramentas distintas e complementares: um sistema de *indicadores de longo prazo* e uma política de *incentivos de longo prazo*. A promoção conjunta desses dois instrumentos ajudará a empresa a ter um olhar também para o longo prazo, favorecendo o equilíbrio da balança do gerenciamento que viemos discutindo até aqui.

Indicadores de longo prazo. O sistema de indicadores de qualquer empresa representa, em última análise, a intenção estratégica e as expectativas (mesmo que subliminares) que essa organização persegue. Assim, um quadro de indicadores deve sempre ser construído de forma a orientar a estratégia, e não para ser sua mera ferramenta de controle.

Trazido ao contexto em questão, esse raciocínio permite dizer que uma empresa com indicadores de curto prazo dificilmente pensará em longo prazo. A pressão do curto prazo, assim, será tanto maior quanto mais voltada ao curto prazo forem as métricas contempladas.

Nesse contexto, estudos têm observado que a ênfase nas tradicionais métricas financeiras de desempenho incentiva os gestores justamente a adotar uma orientação de curto prazo. Em contrapartida, a inserção de medidas não financeiras — como aquelas voltadas aos clientes e à inovação — tem sido vista como uma maneira de incrementar uma postura gerencial também voltada ao longo prazo.

> *Lembre-se: uma empresa com indicadores somente de "curto prazo" dificilmente pensará a "longo prazo".*

Um sistema de mensuração aderente a uma cultura de longo prazo, portanto, deverá medir não só o desempenho financeiro imediato, mas também a criação de valor futuro no âmbito dos clientes, da inovação e dos processos internos. Será importante que esse sistema contemple também os chamados "ganhos sustentáveis", ou seja, aqueles com expectativa de vida futura. Essa questão é fundamental, pois muitas vezes os gestores são tentados a incrementar o resultado presente a partir de ganhos que o futuro acabará por revelar prejudiciais. É o que ocorre, por exemplo, quando se protela um investimento de retorno mais lento ou se baixam os preços como forma de responder a um movimento da concorrência.

Assim, o placar de resultados de uma empresa deverá levar em conta não só os ganhos não sustentáveis do presente (muitas vezes impostos por força de uma contingência do ambiente ou uma dificuldade interna), mas também os ganhos sustentáveis de retorno futuro. Estes últimos, se em um primeiro momento podem até mesmo diminuir a lucratividade atual — por força do tempo, das pessoas e do dinheiro investidos em sua consecução —, certamente trarão retornos mais significativos, duráveis e resistentes às investidas da concorrência.

Incentivos de longo prazo. Nas empresas e fora delas, pessoas agem, em grande parte, por aquilo que ganharão ou deixarão de ganhar em relação ao resultado de suas ações. Dessa forma, surtirá pouco efeito a empresa tentar se voltar ao longo prazo se os tomadores de decisão se sentirem desencorajados a agir visando ao futuro, pelo simples fato de a política de recompensas da empresa não se alinhar à natureza de suas próprias estratégias de retorno não imediato.

Uma maneira de estimular o foco no longo prazo é justamente basear o sistema de incentivos, ele próprio, no longo prazo. Em outras palavras, o sistema de compensação deverá fomentar as estratégias de retorno mais lento, e não as afugentar. Estratégias proativas muitas vezes contabilizam seus resultados somente após um ou dois anos, ou mesmo em períodos de tempo mais longos, quando são incompatíveis com um sistema de incentivos imediatista. Nesse caso, é mais indicado atrelar os ganhos a incentivos mais aderentes a retornos de longo prazo, por exemplo, proveitos em forma de bônus ou ações.

Nesse ponto, é preciso enfatizar que os incentivos referidos não necessariamente sejam somente de natureza financeira. Incentivos de reconhecimento também são vitais — e muitas vezes se mostram até mais frutíferos — na complexa tarefa de motivar os participantes e interessados nas decisões estratégicas a adotar uma visão menos agarrada ao curto prazo. Nenhuma empresa aprende a lidar com o longo prazo sem motivar os responsáveis pela estratégia a dar esse salto.

São muitos os sistemas de incentivos e as formas e modalidades de recompensa por eles abrangidas (e escapa aos objetivos deste livro descrevê-los de forma exaustiva). Apesar dessa multiplicidade, observa-se que a estrutura de incentivos de uma empresa deve levar em consideração aspectos como o nível padrão de premiação adotado na indústria, a forma como a gratificação será entregue (bônus, ações, promoções), as competências e a expertise associadas ao trabalho e até mesmo as habilidades e características da pessoa a quem os incentivos se destinam.

Em síntese, gerenciar a pressão do curto prazo como viemos descrevendo representa não buscar as metas do presente em total detrimento do futuro e a qualquer preço, erodindo a posição competitiva do amanhã. Como bem disse o megainvestidor Warren Buffet em dada ocasião, "se decisões ruins forem tomadas com o intuito de se atender às metas de curto prazo, nenhum brilhantismo posterior reparará o prejuízo que terá sido infligido".

AGENDA 4.0

RECOMENDAÇÕES ESTRATÉGICAS

Use a inteligência artificial para apoiar as áreas de marketing e inovação.

Na era do _big data_, a empresa não pode prescindir da inteligência artificial para alavancar a capacidade analítica das equipes envolvidas no processo de entendimento do ambiente de mercado e análise das alternativas de inovação. São inúmeros fatores e variáveis para analisar. Nessa hora, além da criatividade humana, os algoritmos fazem a diferença e ajudam a empresa a juntar, de forma proativa, as peças de um quebra-cabeça complexo formado pelos sinais de mercado.

Engage a alta liderança em processos de visualização do futuro.

O futuro não pode ser uma abstração na agenda estratégica da alta liderança da empresa. Crie eventos periódicos — do tipo _off site workshops_ — para incentivar os líderes a pensar o futuro do negócio. Encontros desse tipo representam uma oportunidade de reflexão estratégica sobre a sustentabilidade do negócio e, mais importante, fortalecem o alinhamento das lideranças em favor dos projetos de longo prazo.

LEITURAS ESSENCIAIS

The signals are talking: Why today's fringe is tomorrow's mainstream.
Amy Webb, Public Affairs, Nova York, 2016

A autora Amy Webb, fundadora do _Future Today Institute_, é considerada um dos principais futuristas norte-americanos. Nesse livro, Amy detalha sua metodologia muito consistente para o entendimento de uma tendência específica, desde a sua origem, anunciada por sinais, até tornar-se algo convencional. Visualizar cenários tecnológicos e entender seus impactos nos negócios é algo imprescindível para qualquer empresa.

A autora afirma: "Não há cenário possível em que a tecnologia não exerça papel significativo em anos, décadas e séculos vindouros. Assim, as tendências que devemos rastrear e as ações que devemos tomar envolvem necessariamente alguma forma de tecnologia".

As empresas mais reativas e presas ao seu sucesso normalmente tendem a ignorar os sinais de uma tendência em formação e acabam sendo

99

surpreendidas por novidades tecnológicas surgidas no mercado. Conforme Amy relata no livro, isso aconteceu com a empresa Research in Motion, ou RIM, fabricante do icônico BlackBerry. Em 2007, a empresa se deparou com o iPhone, um *smartphone* disruptivo que acabou roubando praticamente todo o mercado em pouco tempo. Por não ter sido capazes de rastrear a entender uma tendência tecnológica que se formava há anos, os executivos da RIM foram literalmente surpreendidos pelo anúncio publicitário de lançamento do iPhone.

NewMegatrends: Implications for our future lives. Sarwant Singh, Palgrave MacMillan, Nova York, 2012

Esse livro é resultado de intensa pesquisa e apresenta dez megatendências que todo inovador precisa conhecer e analisar seus impactos no macroambiente. Diante das megatendências, é possível vislumbrar várias oportunidades de antecipação de mercado e de inovação, na era 4.0, para as empresas com DNA proativo. Por exemplo, a primeira *megatrend* em foco na obra — chamada pelo autor de "smart is the new green" — enseja diversas frentes de inovação a partir do conceito *"smart"*, que abarca várias dimensões, tais como *"smart cities"* (cidades inteligentes), *"smart buildings"* (edifícios inteligentes), *"smart homes"* (casas inteligentes), *"smart businesses"* (negócios inteligentes), *"smart materials"* (materiais inteligentes), entre outras.

Ao final da abordagem sobre cada *megatrend*, Sarwant Singh analisa seus impactos na perspectiva chamada por ele de "macro to micro", ou seja, as oportunidades de inovação para vários negócios. Além disso, em cada capítulo Singh apresenta um estudo de caso interessante.

Como demonstram nossas pesquisas, "empresas reféns do presente jamais serão proativas e inovadoras". Assim, o entendimento claro de como os negócios e nossa vida serão afetados por megatendências é fator crítico de sucesso para que a inovação proativa seja desenvolvida na perspectiva de antecipação de futuro.

Ao longo deste capítulo alisamos o funcionamento da *Mandala da Proatividade*, em seus *pilares*, *capacidades* e *ações*. Colocar a *proatividade de mercado* para funcionar, na prática e com resultados, tem muito a ver com a compreensão de como essa ferramenta trabalha. Temos visto como a aplicação da Mandala ajuda a empresa a organizar suas ideias e ações, tornando mais fácil a construção de estratégias proativas.

No próximo capítulo desvendaremos justamente como se dá essa construção, analisando o *modelo DNA* da proatividade de mercado.

INSIGHT 4.0

DISRUPÇÃO DIGITAL: QUE TURBILHÃO É ESSE E COMO LIDAR BEM COM ELE?

Estima-se que a indústria mundial de telecomunicações tenha perdido, entre 2012 e 2018, cerca de US$386 bilhões em receitas para serviços alternativos como Skype, WhatsApp e outros.[1] Esse número nos dá a dimensão dos impactos da disrupção digital.

Para as empresas reativas e lentas, a disrupção digital pode representar uma onda devastadora, devido à sua *velocidade* e *amplitude*. Essas duas características justificam plenamente o caráter revolucionário dessa onda. Dessa forma, para surfar sem sobressaltos e prosperar na era 4.0, as empresas precisarão como nunca colocar em prática as capacidades da *Mandala da Proatividade* que acabamos de ver.

Seja qual for o setor de atuação da sua empresa, ela sofrerá algum impacto causado pela disrupção digital nos próximos anos. Costumamos dizer que nenhum negócio está totalmente garantido nessa nova era. A pergunta emergente na agenda estratégica da alta liderança é esta: *estamos preparados?*

Para entender os impactos da disrupção digital em nível mundial, o Global Center for Digital Business Transformation, mais conhecido como DBT Center, criado a partir de uma parceria firmada entre a Cisco e o International Institute for Management Development (IMD), escola de negócios na Suíça, realizou uma pesquisa, em 2015, com 941 líderes de negócios, representando 12 setores econômicos em 13 países.

A metodologia da pesquisa e uma análise acurada de suas proposições e resultados estão detalhados no livro *Digital vortex: How today's market leaders can beat disruptive competitors at their own game*, de Jeff Loucks, James Macaulay, Andy Noronha e Michael Wade, publicado em 2016 pelo IMD.

---

1 HEINRICH, Erik. "Telecom Firms Face $386 Billion in Lost Revenue to Skype, WhatsApp", *Fortune*, 23 de junho de 2014.

No prefácio do livro, o chairman da Cisco, John T. Chambers, explica a imagem *"digital vortex"* (vórtice digital) usada pelos autores para descrever o cenário competitivo atual: "uma série de transições de mercado impulsionadas por forças digitais que juntas está provocando mudanças exponenciais nos negócios".

Logo em seguida, no Capítulo 1, os autores reforçam com suas próprias palavras essa imagem: "O vórtice digital é o inevitável movimento dos setores em direção a um 'centro digital' no qual modelos de negócio, ofertas e cadeias de valor são digitalizados em máxima extensão". Trata-se de um turbilhão ou redemoinho vertiginoso de transformações digitais a que estão sujeitos vários negócios estabelecidos na era pré-digital.

A velocidade do vórtice aumenta de forma exponencial quanto mais nos aproximamos de seu epicentro. Assim, setores de negócios situados próximo ao "olho do furacão" (o centro do vórtice) já estão enfrentando maior turbulência e se encontram mais ameaçados por disrupções digitais.

Mas a dinâmica rotacional do vórtice pode reservar surpresas para os setores que se encontram mais distantes do centro. Isso porque "vórtices são altamente caóticos", como afirmam os autores do livro. Por exemplo, um setor posicionado na periferia do vórtice pode ser puxado diretamente para o centro, de forma repentina e aleatória, enquanto outros podem percorrer uma rota mais sinuosa na mesma direção.

Há, ainda, outra característica do vórtice digital que aumenta a complexidade da dinâmica competitiva: à medida que convergem para o centro, setores colidem uns com os outros, podem ser separados ou até mesmo fundidos. Isso explica a coexistência no mercado financeiro, por exemplo, de empresas de natureza distinta competindo no segmento de meios de pagamento.

Os 12 setores pesquisados pelo DTB Center ficaram assim classificados em relação à sua proximidade do centro do vórtice (ordem decrescente):

1	Produtos e Serviços de Tecnologia
2	Mídia e Entretenimento
3	Varejo
4	Serviços Financeiros
5	Telecomunicações
6	Educação
7	Hotéis & Viagens
8	Bens de Consumo Diário
9	Saúde

10	Serviços de Utilidade Pública
11	Óleo & Gás
12	Farmacêutico

A análise do potencial de disrupção por setor levou em consideração quatro dimensões específicas: 1) *Investimento*: o nível de investimento em empresas focadas no uso de tecnologias digitais para disruptar o setor; 2) *Tempo*: o espaço de tempo até a disrupção digital ter um impacto relevante no setor e a taxa de mudança que provocará; 3) *Significado*: o nível de barreiras de entrada que a disrupção digital enfrentará no setor e a quantidade de modelos de negócios disruptivos; 4) *Impacto*: a extensão da disrupção, ou seja, o impacto no *market share* das empresas estabelecidas no setor.

Como vimos, a disrupção digital está longe de ser apenas uma possibilidade, pois se trata de uma realidade já em curso em muitos setores. Para encarar esse turbilhão, considere "quatro questões que vão ajudar a sua empresa a prosperar na era da disrupção digital"[2] (elas devem ser analisadas e respondidas com visão realista, não importando a que distância o seu setor de atuação se encontre do epicentro do vórtice digital):

Questão 1: *"Você pode ver a disrupção chegando?"*

Boa parte das empresas ainda age de forma reativa diante da disrupção digital. Ou seja, ao invés de ter posturas antecipatórias, preferem "esperar para ver o que acontece", e isso se revela extremamente perigoso — até mesmo fatal! — por tudo que vimos até agora. Devido a uma espécie de miopia analítica, muitos executivos ainda enxergam a disrupção digital como uma ameaça, e não como uma oportunidade de inovar nas ofertas ou no próprio modelo de análise.

Questão 2: *"Você está olhando para fora do seu setor?"*

A disrupção digital impulsiona a convergência de setores. Sua empresa está preparada para essa convergência? Novos modelos de negócios podem surgir a partir de novas alianças e parcerias entre organizações. O engajamento de startups no atual modelo de negócio de sua empresa pode representar uma alternativa estratégica para encarar a disrupção digital. Estar perto de quem pode disruptar seu negócio é uma opção no mínimo inteligente.

---

2 "How are organizations thriving through disruption?", *Economist Intelligence Unit Report*, sponsored by EY, 4 de abril de 2018.

Questão 3: *"Sua empresa está comunicando claramente seu propósito?"*

A articulação consistente de um propósito ajuda no desenvolvimento de uma cultura de inovação voltada para a disrupção. Empresas inovadoras necessitam de pessoas continuamente motivadas e engajadas em um propósito de transformação. Inspiração e paixão são ingredientes muito mais genuínos e imprescindíveis do que ferramentas tecnológicas.

Questão 4: *"Você está lutando contra a complacência?"*

As pessoas na empresa precisam superar vieses de análise ou preconceitos e reconhecer que todos os setores podem ser disruptados, de uma forma ou de outra, nesta nova era. Não há soluções infalíveis ou receitas prontas para empresas líderes afastarem potenciais disruptores. Ter uma equipe de estrategistas complacente ou relaxada, nesse ambiente de incertezas e mudanças velozes, pode ser desastroso, mesmo para as empresas até aqui muito bem-sucedidas no mercado. O sucesso do passado não garante prosperidade futura.

Em síntese: senso de urgência, atenção concentrada, disposição contínua e competência para encarar riscos e inovar são ingredientes indispensáveis para prosperar diante da disrupção digital. Fazer dela uma oportunidade para disruptar, ao invés de ser disruptado, essa é a melhor receita.

A Proatividade na Prática

Vimos no Capítulo 2 que a antecipação é o elemento-chave da proatividade de mercado. Empresas proativas antecipam a mudança no ambiente, seja respondendo aos sinais da mudança antes que esta aconteça, seja criando a mudança de forma intencional.

A questão que surge agora é tão simples quanto fundamental:

Como transformar o mecanismo de antecipação em uma estratégia real e palpável?

Em outras palavras, como levar a teoria da proatividade para a prática?

Nossa preocupação sempre foi a de desenvolver um objetivo ferramental, que servisse de guia para o desenvolvimento de ações proativas junto ao mercado. Uma "caixa de ferramentas estratégica", a qual apontasse o caminho para que os gestores construíssem suas estratégias antecipatórias.

Para desenvolver essas ferramentas, estudamos os mais variados tipos de organizações em diferentes setores, buscando descobrir o que diferenciava as empresas proativas das demais. Também observamos trajetórias de sucesso em termos de proatividade de mercado, avaliando de perto como os movimentos estratégicos proativos foram construídos.

Tivemos a oportunidade de levar as ferramentas que desenvolvemos a campo, pondo-as à prova em empresas com as quais trabalhamos. A metodologia resultante dessa construção contempla modelos e ferramentas para a formulação de estratégias proativas, aptas a direcionar a empresa para além do lugar-comum da reatividade.

A compreensão integrada do mecanismo de antecipação (teoria) com os modelos e ferramentas apresentados neste capítulo (prática) é que levará as empresas a abandonar o foco exclusivo na reatividade e se lançar na direção de horizontes estratégicos mais proativos.

Assim, iniciamos apresentando o primeiro instrumento de ação que concebemos, o *modelo DNA da proatividade de mercado*.

O modelo DNA

O modelo DNA constitui o instrumento essencial para a formulação de uma estratégia proativa de mercado. De forma específica, ele representa a estrutura básica de uma estratégia proativa, agregando as *Dimensões*, os *Níveis* e as *Ações* (por isso o acrônimo DNA), sobre os quais uma estratégia voltada a antecipar a mudança no mercado pode ser construída.

Fazemos a analogia com o DNA biológico, pois, assim como este constitui a receita responsável pela formação e funcionamento de todos os seres vivos, o DNA da proatividade de mercado contém as informações essenciais para a formulação e execução dessa estratégia; é nossa receita prescritiva para a transformação do conceito de proatividade de mercado em uma estratégia real.

> *Entender o mecanismo do modelo DNA representa entender como uma estratégia proativa de mercado pode ser formulada e efetivamente posta em prática.*

O modelo DNA responde ao que consideramos serem os três questionamentos fundamentais para a construção de uma estratégia proativa de mercado, com os quais os gerentes se defrontam quando partem para antecipar a mudança (Figura 5-1):

1. A primeira pergunta tem a ver com o caminho estratégico a ser seguido. Em que direção será apontada a alça de mira estratégica? Produtos? Concorrentes? Clientes? Modelo de negócio? Em outras palavras, em que campo a empresa agirá para impactar proativamente o mercado?

2. A segunda pergunta diz respeito à identificação dos elementos que compõem cada perspectiva em particular. Por exemplo, é relativamente simples definir que a empresa buscará ser proativa em relação à oferta, mas o que, mais precisamente, isso significa? Que elementos compõem, em última instância, a oferta de uma empresa, e o que pode ser desenvolvido de forma proativa em relação a eles?

3. Por fim, os responsáveis pela estratégia da empresa têm que decidir sobre as ações a serem executadas, para que consigam colocar em prática o pensamento estratégico. Eles então se perguntam: em suma, que ações diferenciam uma empresa proativa das demais?

FIGURA 5-1

O DNA da proatividade de mercado

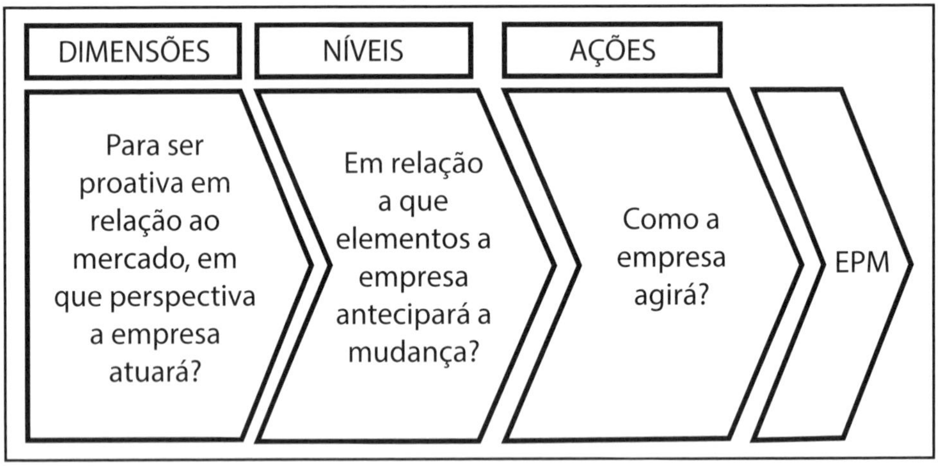

DIMENSÕES	NÍVEIS	AÇÕES	
Para ser proativa em relação ao mercado, em que perspectiva a empresa atuará?	Em relação a que elementos a empresa antecipará a mudança?	Como a empresa agirá?	EPM

Como visto, os três estágios do modelo DNA referidos correspondem às três questões fundamentais descritas:

1. As *dimensões* se relacionam à *perspectiva* em que a empresa atuará para ser proativa.

2. Os *níveis*, aos *elementos* que serão trabalhados em cada dimensão.

3. As *ações*, por último, à *forma* como a empresa agirá para executar a estratégia traçada.

Deduz-se disso que a formulação de uma estratégia proativa de mercado exprime, em última análise, a escolha estratégica da empresa em termos das dimensões, dos níveis e das ações em que trabalhará. Assim, partimos para a identificação das dimensões, dos níveis e das ações genéricas — e, por isso, aplicáveis em qualquer contexto e por qualquer tipo de empresa — pelas quais a proatividade de mercado pode ser levada à prática.

Dimensões da proatividade de mercado

Identificamos três dimensões distintas nas quais a proatividade em relação ao mercado poderá ser ativada, as quais denominamos *proatividade na oferta*, *proatividade na cadeia de valor* e *proatividade no cliente*. Essas dimensões constituem as três vias pelas quais a proatividade de mercado pode ser posta em prática e representam a coluna vertebral de toda estratégia antecipatória. Cada dimensão concentra o esforço estratégico da empresa em um foco de atuação particular (Figura 5-2).

FIGURA 5-2

As três dimensões da proatividade de mercado e focos de atuação

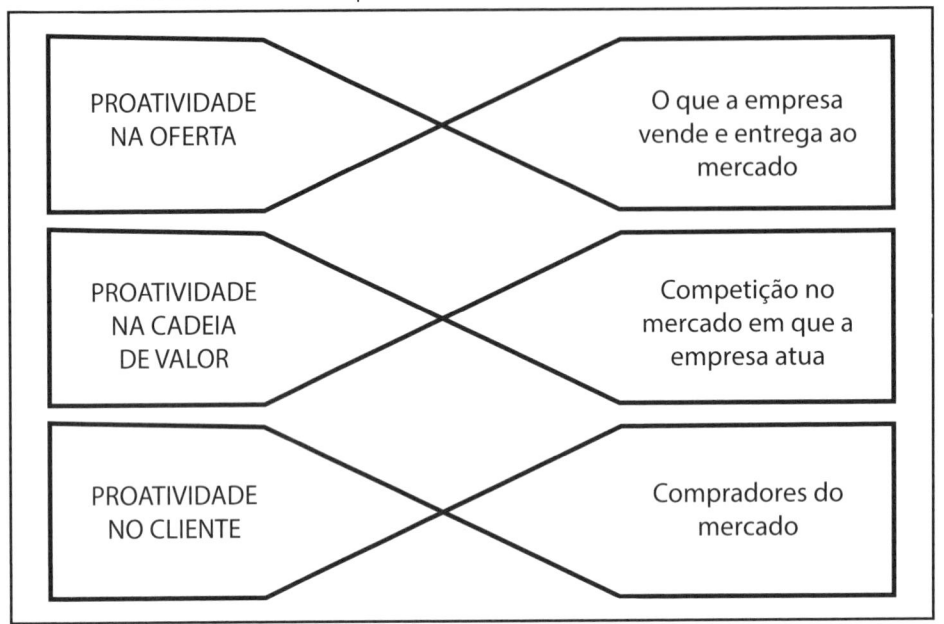

- O foco da *proatividade na oferta* configura o que a empresa vende e entrega ao mercado, ou seja, aquilo que coloca à disposição dos compradores.

- O foco da *proatividade na cadeia de valor* é a competição no mercado em que a empresa atua.

- O foco de atuação da *proatividade no cliente* recai sobre os compradores do mercado, atendidos pela empresa e seus concorrentes.

As três dimensões descritas são independentes e exaustivas. Independentes por pressupor a possibilidade de ocorrência individual, ou seja, embora as três dimensões sejam importantes para entender a proatividade de mercado em sua totalidade, uma empresa proativa não necessariamente tem que concentrar seus esforços estratégicos nas três dimensões. Exaustivas por entendermos que abarcam em seu domínio toda estratégia proativa de mercado que possa ser idealizada.

Embora por vezes possa haver dúvidas na delimitação exata entre uma e outra dimensão — como ocorre entre a proatividade na oferta e a proatividade no cliente —, o que importa aqui é que a antecipação da mudança no mercado ocorrerá sempre em alguma das três dimensões descritas. Achamos difícil imaginar qualquer ação estratégica voltada ao mercado que não acabe por se enquadrar em uma das três dimensões delineadas.

Nossa pesquisa teórica e de campo nos convenceu de que não há quarto termo. Tudo o que se pode fazer quanto à estratégia de mercado se resume, em última instância, a ações relativas à oferta da empresa, à cadeia de valor em que a empresa compete e aos compradores do mercado em que a empresa atua.

Essa noção de que a proatividade de mercado seja, em suma, uma estratégia com foco na oferta, na cadeia de valor ou no cliente tem quatro implicações importantes:

1. Primeiro, ela evita a dispersão da energia estratégica e do tempo de formulação por parte dos gerentes, atributos onerosos e de existência sempre limitada.

2. Segundo, ela concentra o fluxo dos recursos e competências exclusivamente para o campo de atuação escolhido, maximizando-os e ajudando a empresa a literalmente fazer "mais com menos".

3. Terceiro, ela mantém a atenção de todos os envolvidos na estratégia da empresa em torno do foco traçado.

4. Quarto e último, ela traduz um raciocínio claro e fácil de ser compreendido, evitando o que chamamos de "distanciamento pela complexidade", postura que ocorre quando as pessoas interpretam a estratégia da empresa como complicada ou confusa, esquivando-se sutilmente das responsabilidades a ela relacionadas a partir daí.

Para levar a proatividade à prática é preciso, no entanto, mais do que apenas delimitar o foco de atuação da empresa. É necessário também reconhecer os elementos formadores de cada dimensão, para, partindo desse ponto, escolher em qual, ou em quais deles, a empresa terá maiores chances de efetivar a estratégia proativa traçada. Para tanto, é necessário recorrer ao segundo estágio do modelo DNA, representado pelo que chamamos de níveis da proatividade de mercado.

Níveis da proatividade de mercado

Se as dimensões constituem o tronco principal do modelo DNA, os níveis representam as suas ramificações. Eles representam os caminhos específicos que se abrem após uma empresa definir sua estratégia proativa em relação à oferta, à indústria ou ao cliente. Entendemos que esses caminhos se esgotam em seis níveis de atuação, dois em cada dimensão da proatividade de mercado (Figura 5-3).

FIGURA 5-3

Os seis níveis da proatividade de mercado

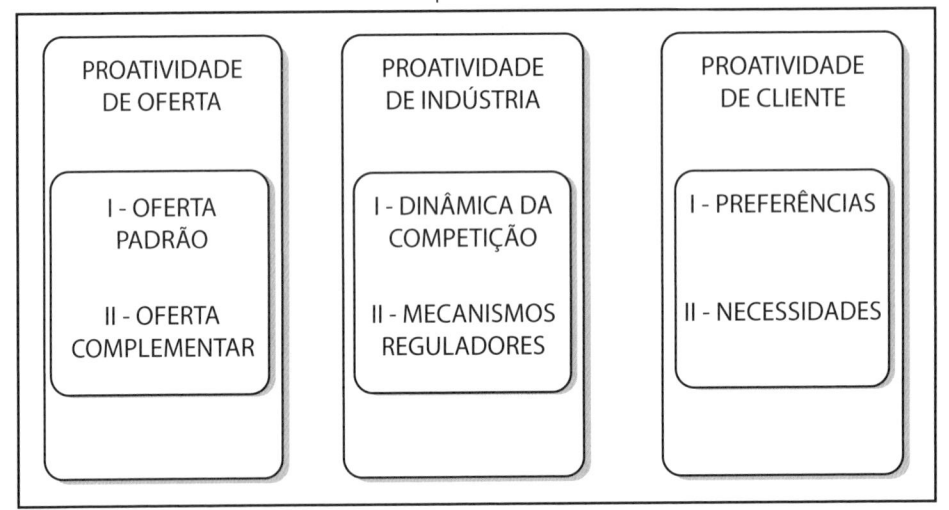

- As ações proativas podem ser construídas no âmbito da *oferta padrão* e da *oferta complementar*, os dois níveis que idealizamos na dimensão da oferta.

- Na dimensão da cadeia de valor, a proatividade de mercado pode ser conduzida nos níveis da *dinâmica da competição* e dos *mecanismos reguladores*.

- Na dimensão dos clientes, a empresa poderá atuar nos níveis das *preferências* e das *necessidades dos consumidores*.

O exercício proativo em relação aos níveis remete a duas questões fundamentais para a antecipação da mudança no mercado. A primeira questão direciona a empresa a pensar sobre o que existe no nível analisado, ao mesmo tempo em que se pergunta sobre o que pode ser ali modificado. Esse foco na *"realidade existente"* conduz a empresa à primeira ação básica da proatividade de mercado, a *modificação*.

A segunda questão, por sua vez, foca o que denominamos "realidade inexistente". Utilizamos esse jogo de palavras antagônicas justamente por entender que a realidade muitas vezes já existe, mas em estado de latência, apenas esperando para ser descortinada. O foco na realidade inexistente remete a empresa à segunda ação fundamental da proatividade de mercado, a *geração*.

Dessa forma, *modificação* e *geração* perfazem as duas ações fundamentais da proatividade de mercado, o terceiro estágio do modelo DNA.

Ações da proatividade de mercado

Repare: quando foca a realidade atual, buscando modificá-la, a empresa está procurando redefinir antigas regras de forma totalmente nova. Ela então se pergunta: *o que existe e pode ser modificado?* Ao mesmo tempo, quando foca o que ainda não existe, buscando criar novas realidades de mercado, a empresa está na verdade procurando definir regras novas, para subverter aquelas até então vigentes. Ela se pergunta: *o que ainda não existe e pode ser gerado?*

> *As ações de geração e modificação representam as duas operações básicas de uma estratégia proativa.*

Enquanto as duas perguntas fundamentais da ação proativa levam a empresa a pensar sobre a realidade que a cerca e as realidades por existir, as ações de modificação e geração a elas relacionadas induzem a empresa a efetivamente agir. Sobrepostas aos níveis descritos em cada dimensão, as perguntas e ações resumem as possibilidades de se atuar proativamente em relação ao mercado. Essas possibilidades podem ser mais bem visualizadas a partir da matriz gerar–modificar que idealizamos (Figura 5-4).

FIGURA 5-4

Matriz gerar–modificar

	Realidade Existente	Realidade Inexistente
NÍVEL I (Oferta, Cadeia de Valor, Cliente)	O que existe e pode ser modificado?	O que não existe e pode ser gerado?
NÍVEL II (Oferta, Cadeia de Valor, Cliente)	O que existe e pode ser modificado?	O que não existe e pode ser gerado?
	MODIFICAÇÃO	GERAÇÃO

Como se observa, as ações de geração atuam sobre a realidade inexistente, fazendo a empresa pensar o que pode ser gerado nos dois níveis da dimensão sob análise. As ações de modificação, por sua vez, enfocam a realidade existente e o que pode ser alterado em relação a esses mesmos níveis. Além de auxiliar a empresa a fazer um diagnóstico das possibilidades estratégicas proativas em cada nível, o exercício sobre a matriz gerar–modificar descortina para a empresa seu próprio modelo mental estratégico.

Na prática, isso significa que, ao tentar preencher os quadrantes da matriz, os executivos estarão não só fazendo uma análise das oportunidades de atuarem proativamente, mas, além disso, sentirão as dificuldades inerentes a esse processo, passando a se perguntar o que essas dificuldades indicam. Por exemplo, em uma das empresas com as quais trabalhamos ficou clara a dificuldade dos gerentes e líderes em imaginar realidades potenciais e articular a possibilidade de sua existência.

Isso levou a empresa a reavaliar sua gestão de competências, alinhando-a a práticas estratégicas mais proativas. Exercícios como esse trazem para o nível consciente da empresa os paradigmas e modos de atuação reativos nem sempre manifestos, os quais geralmente erguem barreiras ocultas à construção de estratégias desafiadoras, caso das estratégias proativas de mercado.

Analisaremos agora a aplicação da matriz gerar–modificar nas três dimensões da proatividade de mercado, ou seja, como as ações proativas de geração e modificação podem ser efetivamente postas em prática no âmbito da oferta, da cadeia de valor e dos clientes.

Ações proativas na oferta

Ofertas constituem o meio de entregar um benefício ao mercado. Quanto maiores os benefícios aos olhos dos compradores, ou seja, quanto maiores as vantagens ou ganhos que estes associarem a determinado produto ou serviço, mais a oferta crescerá em sua proposta de valor. Guardadas as proporções, isso vale tanto para um automóvel quanto para uma caneta esferográfica. Compramos benefícios, e não produtos, essa é a verdade.

O benefício, portanto, constitui a essência daquilo que usualmente chamamos de oferta. Estratégias proativas atuam justamente sobre os benefícios entregues ao mercado, por meio do que denominamos oferta padrão e oferta complementar.

A *oferta padrão* representa o benefício central colocado à disposição do mercado por meio dos produtos e serviços produzidos pela empresa; constitui o que comumente se designa por *oferta básica do setor*. Pessoas vão a livrarias para comprar livros; hóspedes, antes de outras facilidades, esperam que um hotel lhes ofereça uma cama confortável e um bom chuveiro.

O valor de uma oferta, no entanto, não se firma somente sobre o benefício central. Clientes de uma livraria podem ter o benefício de comprar livros complementado por um ambiente agradável e acolhedor, que os convide a passar algumas horas entretidos com a leitura enquanto saboreiam um cappuccino. Da mesma forma que a oferta de hospedagem pode ser complementada com facilidades que vão de escolher entre dezenas de canais de televisão a um toque do dedo, ao serviço de um restaurante internacional 24 horas. Assim, a *oferta complementar* representa os *benefícios vinculados à oferta padrão*, os quais impactam o valor que a empresa entrega ao mercado.

Ofertas em um mundo 4.0

O mundo digital favorece enormemente a oferta de produtos e serviços inovadores para qualquer perfil de cliente, seja qual for a necessidade de consumo. Costumamos dizer que os consumidores têm ao alcance das mãos — e do bolso

— um "oásis digital" em que é possível comprar de tudo, desde serviços antes inacessíveis (chamar um táxi pelo celular) a produtos outrora considerados "futuristas", como modernos óculos de realidade virtual, a preços módicos. Observe, por exemplo, como os drones rapidamente estão se tornando objeto de desejo de consumidores de várias idades e são expostos em vitrines offline e online, ao lado de celulares, TVs e outras ofertas mais convencionais.

Mas antes de chegar ao comércio varejista, os drones invadiram o mundo empresarial e estão sendo utilizados em vários negócios, com aplicações diversas, como transporte de objetos, transmissão de dados, inspeções, entre outras. De acordo com estimativa do Goldman Sachs,[1] o mercado de drones para uso comercial civil deverá movimentar cerca de US$17 bilhões entre 2016 e 2020. E se somarmos o mercado de uso militar (a origem dos drones) e o novo mercado de consumo, os negócios em torno desses "robôs voadores" movimentarão uma cifra de US$100 bilhões nesse mesmo período.

Aqui vale citar o megaprojeto *Amazon Prime Air*, mais um "voo" proativo de Jeff Bezos, que desde 2013 idealiza a entrega de mercadorias por drones. Não se trata de ficção: no próprio site da Amazon,[2] a empresa mostra um vídeo real do serviço em teste, gravado em 2016, em Cambridge, Inglaterra. A proposta de valor é um serviço de entrega em até 30 minutos, monitorado pela internet. Para escalar essa modalidade de entrega, a Amazon continua investindo firme em logística, além de acompanhar a complexa legislação sobre segurança envolvendo artefatos voadores.

O certo é que, na era digital, muita coisa é possível quando pensamos em proatividade no âmbito da *oferta padrão* e da *oferta complementar*, em diversas modalidades de negócio. Veja por exemplo a *proatividade na oferta padrão da* Apple com a trilogia iPod, iPhone e iPad, inovações que revolucionaram seus respectivos mercados. Esses produtos foram ainda mais realçados, no *nível da oferta complementar*, com o sistema iTunes e a plataforma Apple Store. Em março de 2019 a gigante de Cupertino (Califórnia) anunciou suas próximas apostas, com foco em serviços e conteúdos: a empresa vai produzir e exibir séries de TV, além de inserir no mercado o Apple Card, cartão de crédito para uso no iPhone pelo sistema Apple Pay, e também em versão física com bandeira Mastercard. Uma nova Apple está emergindo na era da transformação digital.

---

1 https://www.goldmansachs.com/insights/technology-driving-innovation/drones/ (conteúdo em inglês).
2 https://www.amazon.com/Amazon-Prime-Air/b?ie=UTF8&node=8037720011 (conteúdo em inglês).

Ações proativas na cadeia de valor

Se a competição começa com a oferta das empresas, é na dimensão da cadeia de valor que essa competição se desenrola. A cadeia de valor é a arena onde as empresas rivalizam pelos compradores do mercado. Historicamente, a estrutura da cadeia de valor tem sido vista como uma força determinante do comportamento estratégico das empresas, uma das causas da reatividade da estratégia que descrevemos no Capítulo 1. A proatividade de mercado propõe uma nova abordagem a esse respeito.

No raciocínio proativo, a cadeia de valor deixa de ser o direcionador absoluto da posição estratégica. Dentro dessa visão, não é mais essa espécie de camisa de força ambiental que define, ao final, como as empresas competirão.

> *Na lógica proativa, gerentes e estrategistas não estão condenados a apenas garantir o ajuste da empresa às condições da cadeia de valor em que esta compete.*

Veja, toda empresa contracena diuturnamente com os três atores-chave da cadeia de valor: concorrentes, fornecedores e distribuidores. A estrutura e o comportamento desses três atores constituem o que denominamos **"dinâmica da competição"**, sobre a qual atua, ainda, uma força adicional, que designamos por **"mecanismos reguladores"**. Assim, *dinâmica da competição* e *mecanismos reguladores* constituem os dois níveis em que a proatividade de mercado terá palco na dimensão da indústria.

O foco da ação proativa na dinâmica da competição será a estrutura e o comportamento dos *concorrentes*, *fornecedores* e *distribuidores*. No âmbito dos mecanismos reguladores, o foco recai sobre os *obstáculos* e as *facilidades* que normatizam o funcionamento da indústria. Comecemos analisando as ações proativas nos âmbitos dos concorrentes, distribuidores e fornecedores.

Ações proativas em relação aos concorrentes

Os competidores são sempre os atores mais óbvios a serem avaliados na formulação da estratégia. A estrutura e o comportamento dos concorrentes são modificados, por exemplo, quando uma empresa lança mão de uma estratégia vigorosa que acaba "obrigando" os concorrentes a atuar da mesma maneira.

Foi o que ocorreu com as livrarias tradicionais, que se viram forçadas a entrar no mercado de venda online de livros após o advento da internet. É o que acontece também quando um grande player do mercado assume uma estratégia agressiva de aquisições e passa a dominar o mercado e ditar as regras aí presentes, ou ainda quando dois concorrentes poderosos se unem e instalam uma nova realidade no mercado.

Além disso, a geração de novas estruturas de concorrência pode ser observada também naquilo que denominamos "criação de competição". Nesse caso, uma empresa constitui uma nova marca em indústrias extremamente concentradas, geralmente com a intenção de inibir potenciais competidores de entrar no mercado, atraídos pela pouca concorrência lá existente. Trata-se de transformar-se no próprio concorrente antes que um novo entrante o faça.

Um mercado dos mais concorridos atualmente é o de produtos e serviços de inteligência artificial (IA). Lances proativos e reativos se alternam entre os players do setor, desde milhares de startups até gigantes como Google, IBM, Microsoft, Apple, Oracle, Amazon e SAP. Todos querem garantir seu naco nesse mercado valiosíssimo. Segundo a consultoria Gartner, o valor estimado do mercado de IA deverá atingir astronômicos R$3,9 trilhões em 2022.[3]

As razões para o alcance dessa incrível cifra estão ancoradas na importância e abrangência de "três fontes de valor dos negócios de IA", reforça o Gartner: 1) otimização da experiência do cliente; 2) incremento de receita com produtos existentes e novos (é enorme o leque de criação de novos serviços derivados de IA); e 3) redução de custos na produção e na entrega de todo o portfólio de ofertas.

É difícil afirmar quem serão as empresas vencedoras na corrida pela oferta de soluções de IA. Nessa indústria impera a lógica exponencial e disruptiva da era 4.0. Uma *startup* de hoje pode se transformar em um gigante em pouco tempo. Empresas norte-americanas lideraram as iniciativas nesse setor por muito tempo. Agora a China está se revelando uma superpotência em IA. Esforços governamentais estão sendo feitos para "criar uma indústria no valor de 150 bilhões de dólares para sua economia em 2030".[4]

Seja nesse dinâmico setor da IA ou em outros, sabemos que estratégias de mercado precisam ser sustentáveis no longo prazo, para garantir performance financeira. Essa perspectiva é ainda mais desafiadora na dinâmica do mundo 4.0. A velocidade das transformações digitais e a profusão de novas tecnologias quebram barreiras de entrada em muitos setores. Todos os dias surgem novos players, alguns deles bem distintos dos competidores tradicionais de um dado setor. A disrupção não manda aviso prévio. Quase sempre ela não surge do berço do mercado ameaçado (vide Uber e AirBnB, dois "outsiders" que não nasceram dos setores de transporte e de hotelaria, respectivamente).

---

3 https://www.gartner.com/newsroom/id/3872933 (conteúdo em inglês).

4 https://veja.abril.com.br/tecnologia/china-supera-eua-na-corrida-pela-inteligencia-artificial/.

Ações proativas em relação aos distribuidores

Passando ao âmbito dos distribuidores, estruturas e comportamentos são modificados quando uma empresa avança na cadeia de valor e passa a distribuir sua própria oferta. É o que se vê nos modelos de franquias e lojas próprias praticados em setores como os de cosméticos e perfumaria, vestuário e móveis planejados.

Já a geração de novas estruturas e comportamentos de distribuição pode ser vista em inovações como a representada pela venda online de músicas, vídeos, livros e computadores, uma ação proativa em relação à distribuição que tem modificado o modelo de negócio desses mercados de forma arrebatadora.

No mercado de saúde no Brasil há novos modelos de negócio para facilitar o acesso a serviços pelos segmentos C e D, notadamente. Como a rede de clínicas particulares Dr. Consulta, criada em 2011 para prover acesso a serviços como consulta e exames. Trata-se de uma estratégia proativa de mercado que ocupou um espaço entre a oferta pública do SUS e os convênios médicos. Esses dois canais de acesso têm deficiências bem conhecidas dos usuários.

No vácuo do crescimento da rede Dr. Consulta surgiram outros concorrentes com propostas de valor semelhantes. A distribuição de serviços médicos no mercado brasileiro passará por mais transformações nos próximos anos. Há desequilíbrios evidentes na cadeia de valor do setor, tais como problemas estruturais na rede pública, altos custos dos serviços particulares, sobrecarga de atendimento pelos convênios e remuneração dos agentes provedores de serviços baseada em serviço, e não em performance (o que estimularia ganhos de produtividade e melhoria de qualidade).

Ainda no setor de saúde, mas do outro lado do mundo, a Ping An Doctor, empresa líder no mercado chinês de *health-tech*, lançou recentemente um canal inovador de acesso a serviços chamado One Minute Clinic,[5] uma estratégia proativa de distribuição de serviços médicos apoiada por tecnologias de big data e de inteligência artificial.

Trata-se de uma cabine onde o paciente interage com um "médico virtual" (*clouding computing doctor*) capaz de realizar diagnósticos preliminares e de prescrever medicamentos mais comuns — que são comprados na própria cabine ou, em caso de indisponibilidade, podem ser pedidos por telefone, com entrega dentro de uma hora. A plataforma digital de atendimento médico foi desenvolvi-

---

5 https://www.healthcare.digital/single-post/2018/11/15/Ping-An-Good-Doctor-launches-One-Minute-Clinics-offering-preliminary-diagnosis-by-cloud-computing-Doctors (conteúdo em inglês).

da por uma equipe de mais de 200 especialistas em IA a partir do tratamento de uma base de dados de 300 milhões de consultas médicas.

Ações proativas em relação aos fornecedores

Novas estruturas e comportamentos são gerados no âmbito dos fornecedores pela integração do fornecimento por parte da empresa. Isso pode ser implementado pela simples aquisição de um fornecedor ou pela integralização da função que ele desempenhava.

Ao mesmo tempo, observa-se a modificação na estrutura e nos comportamentos dos fornecedores nos casos em que uma empresa promove alterações substanciais na política de fornecimento vigente.

Desde sempre, o relacionamento com fornecedores representa fator crítico de sucesso para qualquer negócio. Sob o prisma da inovação, na era da transformação digital, fornecedores de tecnologia da informação aportam soluções e conhecimentos valiosos para as empresas em geral. Por isso, é imprescindível manter parcerias sólidas no ecossistema de inovação do setor, envolvendo startups e outras empresas detentoras de tecnologias potencialmente disruptivas. Nesse contexto, a visão de longo prazo deve fomentar esses relacionamentos.

Mecanismos reguladores

A dinâmica da competição relatada não está suspensa no vazio. Mecanismos reguladores constantemente exercem sensível impacto sobre a estrutura e o comportamento dos concorrentes, fornecedores e distribuidores relatados.

O governo representa o mecanismo regulador mais saliente. No entanto, não se pode negligenciar o impacto crescente das ações de outros reguladores, como sindicatos, órgãos de defesa do consumidor, associações não governamentais e grupos de interesse.

Obstáculos e facilidades constituem os dois tipos básicos de mecanismos reguladores do setor sobre os quais uma empresa pode atuar de forma proativa:

- *Obstáculos* representam tudo o que constitui uma limitação à competição, como o que ocorre em indústrias extremamente reguladas, como as de tabaco, saúde e medicamentos. Pense, por exemplo, no papel dos mecanismos reguladores sobre o comportamento da indústria farmacêutica, bem como nas crescentes restrições à propaganda na indústria de cigarros e bebidas alcoólicas.

- *Facilidades*, por sua vez, caracterizam o contraponto aos obstáculos, representando os mecanismos que promovem e estimulam a competição. Desregulações em setores como os de aviação e telecomunicações constituem exemplos recentes nesse sentido.

Empresas proativas podem promover a modificação dos obstáculos existentes, como ocorre quando uma empresa (geralmente poderosa) consegue alterar a regulação que limitava sua atuação no mercado. Algumas vezes, no entanto, a proatividade em relação aos mecanismos reguladores advém da ação conjunta das empresas do setor.

É o que acontece, por exemplo, quando um grupo de empresas se une e busca a partir daí gerar obstáculos junto ao governo ou outro órgão representativo, para proteger o mercado de investidas de concorrentes estrangeiros ou angariar outros benefícios.

Em relação às facilidades, por sua vez, pode-se fomentar a criação de facilitadores que promovam o crescimento da empresa no mercado. Já a modificação de facilidades pode ser vista, por exemplo, quando uma empresa consegue alterar um facilitador existente a seu favor, como ocorre na ampliação de licenças de exploração, melhoria nas condições de algum incentivo ou prorrogação de prazos de pagamento junto ao governo.

Finalmente, a era 4.0 tem trazido novos desafios para legisladores e empresas, principalmente no que se refere ao uso de dados. Como já informamos aqui, na era digital, tudo vira dado a todo instante. Isso quer dizer que clientes e empresas gerarão cada vez mais dados em transações digitais. Essas informações serão tratadas com tecnologias avançadas, como inteligência artificial e big data. Assim, empresas em geral devem estar muito atentas às novas questões regulatórias decorrentes da era da transformação digital.

Entram em cena discussões sobre "proteção da privacidade online",[6] que interessam a clientes e empresas. Nesse contexto, ações proativas junto aos agentes reguladores podem e devem contribuir para que a legislação atenda interesses mútuos, ou seja, dos consumidores (cidadãos com direito à privacidade) e das empresas (usuárias de dados para apoiar estratégias de marketing, entre outras).

---

6 https://noticias.portaldaindustria.com.br/entrevistas/kara-sutton/regulacao-da-protecao-de-dados-deve-garantir-conjunto-de-regras-coerentes-e-simplificadas-diz-especialista-do-centro-de-cooperacao-regulatoria-global/

121

Por exemplo, em maio de 2018 entrou em vigor o Regulamento Geral de Proteção de Dados (*GDPR — General Data Protection Regulation*), legislação proposta pela União Europeia para proteger dados de cidadãos europeus armazenados em plataformas online, como redes sociais, lojas online, serviços financeiros e outros.[7] Apesar de ter sido criada na Europa, a lei se aplica a qualquer empresa que armazenar dados de cidadãos europeus, mesmo que esteja geograficamente situada fora do continente europeu, um alerta para plataformas marketplace que atuam globalmente e para outras empresas, como locadoras de carros e hotéis, que estão sempre atendendo estrangeiros.

Aqui no Brasil foi sancionada em agosto de 2018 a Lei Geral de Proteção de Dados Pessoais,[8] profundamente inspirada na legislação europeia (GDPR). Como o próprio nome enseja o entendimento, a lei dá ao cidadão mais possibilidade de controle sobre o uso de seus dados pessoais pelas empresas.[9] Trata-se de um avanço na legislação brasileira, agora mais sintonizada com o novo ambiente tecnológico.

Novas tecnologias, novos comportamentos do cliente-cidadão, novas leis. O *mindset* proativo dos executivos de *compliance* deve ajudar as empresas no desenvolvimento de estratégias antecipatórias que visem a influenciar os legisladores e também educar os clientes em favor de práticas sustentáveis de consumo. Enfim, sabemos que se adaptar à legislação é uma obrigação, mas antecipar-se para influenciá-la, de maneira devida e responsável, é uma capacidade das empresas proativas. A era 4.0 ainda demandará muito essa capacidade. Bom sinal.

Ações proativas nos clientes

No âmbito dos clientes, a proatividade é posta em prática sobre as preferências e as necessidades dos consumidores:

- *Preferências* representam a escolha de um produto ou serviço em detrimento de outro, como o que acontece quando no supermercado optamos por uma determinada marca de sabão em pó, ou mesmo quando uma nova proposta seduz os compradores a modificar suas decisões de consumo.

---

7 https://canaltech.com.br/legislacao/mas-afinal-o-que-e-a-lei-gdpr-e-como-ela-afeta-os-brasileiros-114370/
8 http://www.planalto.gov.br/ccivil_03/_Ato2015-2018/2018/Lei/L13709.htm
9 https://tecnoblog.net/250718/lei-geral-protecao-dados-brasil/

- *Necessidades* espelham uma lacuna entre um estado atual e outro desejado, a qual faz com que os compradores passem a se comportar no sentido de sua transposição. É o que ocorre, por exemplo, quando um produto ou serviço até então inexistente passa a ser percebido como importante ou até mesmo indispensável, mudando os hábitos de consumo a partir daí. Tanto preferências quanto necessidades constituem reflexos do comportamento humano, e, assim, são suscetíveis à ação antecipatória da empresa.

Quando se trata de proatividade no cliente, é quase impossível não citar a Amazon. Primeiro, porque a trajetória proativa da Amazon nos educou para a compra online — uma necessidade adormecida até 1995, quando surgiram a Amazon e o eBay para transformar esse mercado.[10] Segundo, porque o fundador Jeff Bezos, desde os primeiros anos de operação, insistiu em estruturar e posicionar a Amazon como "uma empresa de tecnologia pioneira no comércio eletrônico, e não uma varejista".[11]

Esse posicionamento direcionado para a tecnologia, aliado a uma forte cultura de centralidade no cliente, acabou tornando a Amazon uma das empresas mais inteligentes e preparadas do mundo para *antecipar preferências de seus clientes* por meio de avançados processos de inteligência artificial. Um exemplo disso é o sistema chamado My Mix,[12] lançado pela empresa em 2017. Imagine um marketplace customizado de acordo com as preferências de cada cliente. Isso mesmo! O cliente seleciona itens em uma página chamada "Interesting Finds", e a partir daí, entra em ação a inteligência artificial para sugerir vários itens que serão expostos na seção My Mix (atualizada frequentemente).

Há uma frase de Jeff Bezos que expressa bem o DNA *customer-centric* (o cliente no centro do negócio) da Amazon: "Se podemos manter nossos concorrentes focados em nós enquanto nos mantemos focados no cliente, no final será bom para nós".[13] Com o uso sistemático de inteligência artificial para exponenciar esse DNA, a Amazon certamente seguirá com outros lances proativos no nível dos clientes, deixando muitos concorrentes no retrovisor.

O caso a seguir resume os principais aspectos da transformação digital do Magazine Luiza e mostra a construção de uma *estratégia proativa de mercado*

---

10 https://pt.wikipedia.org/wiki/Comércio_eletrônico
11 Referência do livro *A loja de tudo: Jeff Bezos e a era da Amazon*, de Brad Stone, Editora Intrínseca, Rio de Janeiro, 2014, p. 212.
12 https://techcrunch.com/2017/06/09/amazons-launches-my-mix-a-personalized-shop-filled-with-your-favorite-things/ (conteúdo em inglês)
13 https://postcron.com/pt/blog/8-conselhos-chave-de-jeff-bezos-o-fundador-da-amazon-para-se-inspirar-e-fazer-sua-pme-crescer/

(EPM) que abarca ações nas três dimensões descritas antes. Trata-se de uma de "EPM em 3D", como costumamos denominar estratégias robustas que promovem mudanças em modelos de negócio.

A TRANSFORMAÇÃO DIGITAL DO MAGAZINE LUIZA: PROATIVIDADE EM TRÊS DIMENSÕES

Uma das estratégias mais robustas de transformação digital no varejo brasileiro é protagonizada pelo Magazine Luiza. Em 2015, a transformação digital foi declarada como "a principal estratégia da Companhia para os próximos cinco anos".[14] Essa estratégia está sustentada em cinco pilares:

- *Inclusão digital:* clientes são estimulados a se digitalizar através de várias ações, inclusive orientações realizadas pelos próprios vendedores.

- *Digitalização das lojas físicas:* implantação de projetos de digitalização com o objetivo de "revolucionar a experiência de compra" e também aumentar a produtividade (mais autonomia para a equipe de vendas e economia de tempo no processo de compra).

- *Multicanalidade:* trata-se de um fator crítico para o sucesso da transformação digital. Todos os canais da empresa são operados de forma integrada, garantindo maior comodidade para o cliente (compra e entrega multicanal) e redução de custos logísticos.

- *Transformar o site em uma plataforma digital:* desenvolvimento de uma ampla plataforma de marketplace para vender produtos de outros varejistas, expandindo significativamente o leque de ofertas aos clientes.

- *Cultura digital:* valores da empresa como "velocidade, inovação e pessoas em primeiro lugar" estão sendo reforçados com a transformação digital. Em 2014 a empresa criou o Luizalabs que "tem como objetivo trazer inovação para os canais de venda". Funcionários são incentivados a utilizar os aplicativos disponíveis para se comunicar com os clientes e com as lojas.

---

14 https://ri.magazineluiza.com.br/ShowCanal/Nossa-Estrategia

Ao analisarmos as várias frentes de ação e projetos desenvolvidos pelo Magazine Luiza em sua jornada de transformação digital, observamos *estratégias proativas de mercado* nas três dimensões do nosso modelo DNA: *oferta, cadeia de valor* e *cliente*.

Na dimensão da *oferta*, a empresa vem ampliando substancialmente o *leque de produtos à venda*, através da plataforma marketplace, diferenciando-se dos concorrentes diretos no nível da *oferta padrão* do setor. No nível da *oferta complementar*, a transformação digital viabiliza *serviços adicionais*, como o Retira Loja (clientes realizam compras nas plataformas digitais e podem retirar as mercadorias em qualquer uma das lojas físicas). Ainda no nível da *oferta complementar*, a empresa coloca à disposição dos clientes o serviço Lu Conecta,[15] um pacote de conveniências, como proteção antivírus, wi-fi grátis em vários pontos no Brasil, armazenamento de dados na nuvem, suporte telefônico 24 horas, 7 dias por semana e configurações iniciais em smartphones (criação de e-mails e instalação de WhatsApp).

Na dimensão da *cadeia de valor*, a transformação digital do Magazine Luiza apresenta movimentos que estão alterando a *dinâmica competitiva* no varejo brasileiro. A estratégia de marketplace da empresa, por exemplo, foi lançada em 2016,[16] antes do lançamento da plataforma para eletrônicos da Amazon — que ocorreu em outubro de 2017.[17] Outros players do setor certamente reagirão com estratégias similares. Além disso, a própria estratégia de *multicanalidade,* integrando operações online e offline, promove alterações na *estrutura do mercado*, ou seja, clientes passam a ter mais canais para encontrar ofertas, ao mesmo tempo em que modifica processos logísticos (malhas de distribuição e prazos de entrega). Assim, a robustez dessa estratégia de multicanalidade do Magazine Luiza (operação dos canais de forma integrada) impacta diretamente dois fatores críticos de sucesso no segmento de varejo: *acesso* (diversos canais de compra) e *disponibilidade* (aumento de sortimento e prazo de entrega reduzido). Isso acaba trazendo uma vantagem estratégica relevante para a empresa e forçará alterações nos *padrões de competição* no setor.

Na dimensão do *cliente*, a transformação digital do Magazine Luiza tem um componente muito claro de *educação de mercado*, por meio do pilar "inclusão digital". Por esse viés, a empresa declara sua intenção estratégica de "trazer ao acesso de muitos o que é privilégio de poucos, por meio de pro-

---

15 https://especiais.magazineluiza.com.br/lu-conecta/
16 https://ri.magazineluiza.com.br/ShowCanal/Relatorio-Anual
17 https://www.amazon.com.br/b?ie=UTF8&node=17384946011

dutos conectados".[18] Assim, clientes ainda não familiarizados com o mundo digital são impactados pela empresa com ações inclusivas. Agindo assim, o Magazine Luiza preserva o "calor humano", em pleno avanço do processo de digitalização.

A transformação digital do Magazine Luiza denota uma estratégia proativa das mais robustas, por englobar *três dimensões*, conforme demonstramos. Estratégias como essa promovem transformações em modelos de negócio e, quando bem-sucedidas, impactam de forma saliente os resultados financeiros, no médio e longo prazos. Em 2015 a empresa registrou um resultado líquido negativo de R$65,6 milhões. Em 2016, o lucro líquido alcançou R$86,5 milhões, passando para R$389 milhões ao final do exercício de 2017.[19] Em 2018 mais um salto expressivo no resultado: o lucro cresceu 53,6%, chegando a R$597,4 milhões.[20]

Como vimos no Capítulo 4, as estratégias proativas de mercado demandam o desenvolvimento de capacidades que foram descritas na ferramenta *Mandala da Proatividade*. A transformação digital do Magazine Luiza ressalta muitas delas, tais como *liderança proativa* (traço marcante da presidente do Conselho de Administração, Luiza Helena Trajano, uma presença sempre forte e carismática), *capacidade de lidar com riscos* (como de praxe, mudanças do modelo de negócio envolvem muitos riscos financeiros, operacionais e de mercado), *inovação proativa* (criação do LuizaLabs, com todos os projetos desenvolvidos nesse novo ambiente de trabalho), *gestão flexível* (as inovações digitais demandam flexibilidade para alterar processos tradicionais de trabalho do mundo offline e corrigir rumos) e *visão de futuro* (a transformação da empresa é um megaprojeto de longo prazo, fruto de uma antevisão de oportunidades que fez a empresa sair à frente dos concorrentes diretos na corrida digital).

As ações proativas nos diferentes níveis da oferta, indústria e cliente até aqui apresentadas completam a aplicação do modelo DNA desenvolvido. Diferentes combinações de dimensões, níveis e ações corresponderão a diferentes caminhos para a atuação proativa em relação ao mercado. Corresponderão, em suma, à sequência estratégica adotada pela empresa em relação ao modelo DNA. Essa configuração de sequências possíveis pode ser mais bem visualizada na Figura 5-5.

---

18 https://ri.magazineluiza.com.br/ShowCanal/Nossa-Estrategia
19 https://ri.magazineluiza.com.br/ShowCanal/Relatorio-Anual
20 https://portalnovarejo.com.br/2019/02/lucro-magazine-luiza-mais-50-por-cento-2018/

FIGURA 5-5

Sequências possíveis para formular uma estratégia proativa de mercado

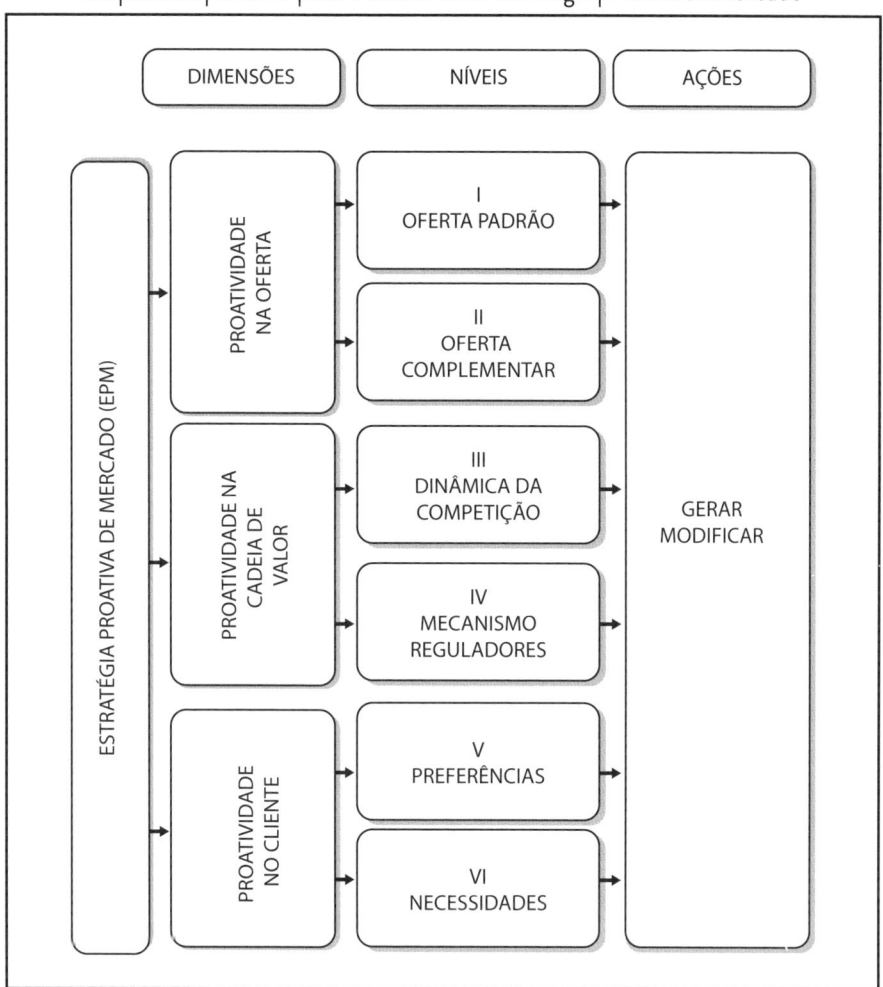

Conhecidos os caminhos possíveis para a formulação de uma estratégia proativa de mercado, será necessário agora escolher que sequência estratégica seguir. Obviamente, toda empresa buscará escolher a sequência — ou sequências — em que terá maiores chances de sucesso estratégico. Mas o que lhe dará essa certeza? Como saber se o melhor caminho a seguir é o da oferta, da indústria ou do cliente? E escolhidos um desses caminhos, em que nível atuar, e sob que ação? O que guiará a análise da empresa nessa escolha?

Para auxiliar as empresas a responder essas perguntas, elaboramos uma ferramenta complementar, que completa a aplicação do modelo DNA e da matriz gerar–modificar já apresentadas.

Trata-se da *Matriz da Mudança*, um instrumento que também é fundamental para formular uma estratégia proativa de mercado e que determinará a sequência estratégica que a empresa seguirá.

A Matriz da Mudança

Imagine um mercado qualquer. Pode ser aquele em que sua empresa atua. Considere primeiramente como ele é na atualidade: que produtos e serviços esse mercado oferece, como se dá a competição entre os concorrentes ali estabelecidos, como os clientes se comportam.

Ao fazer isso, você desenhou aquilo que chamamos de *realidade atual do mercado*. Nessa realidade estão as *mudanças presentes*, ou seja, as mudanças ocorridas e que estão impactando a vida das empresas. A realidade atual do mercado, em última instância, é o espelho de todas as mudanças significativas que ali ocorreram e que de alguma forma determinam como as empresas se comportam.

Sabemos, no entanto, que a realidade não é estática. Assim, todo mercado tem também um passado de realidades decorridas, que já não existem mais. Nessa realidade estão o que denominamos *mudanças passadas*: produtos e serviços que foram suplantados por novas ofertas, dinâmicas competitivas extintas, preferências e necessidades de consumo radicalmente transformadas.

Considere agora as realidades de mercado que possam existir para além da realidade concreta e visível que você desenhou. Avalie em primeiro lugar possíveis realidades que ainda não existem, mas que possam estar emitindo sinais de mudanças que se aproximam. Chamamos essa realidade de *indeterminada*, ou seja, se presume que aconteça, mas não se sabe em que tempo e sob que trajetória, tampouco que tipo de impacto causará. Nessa realidade indeterminada encontram-se o que denominamos *mudanças pulsantes*: demandas não percebidas, novos comportamentos dos consumidores em estado de latência, mudanças na estrutura da concorrência que se encaminham.

Por fim, pense nas realidades que possam ser criadas pela empresa, ou seja, realidades que em um primeiro momento soam apenas como especulações ou abstrações. Constituem o que chamamos de realidades incertas, isto é, não se sabe se virão a ocorrer. Essas *realidades incertas* — hoje apenas pensamentos na mente dos estrategistas — abrigam o que chamamos de *mudanças potenciais*.

Para compreender como as mudanças de seu setor se comportam, a empresa deverá colocar em prática quatro atitudes de conhecimento diferentes, uma para cada estágio que estiver diagnosticando. Essa estrutura de estágios e atitudes é justamente o foco da *Matriz da Mudança* que idealizamos (Figura 5-6).

FIGURA 5-6

A Matriz da Mudança

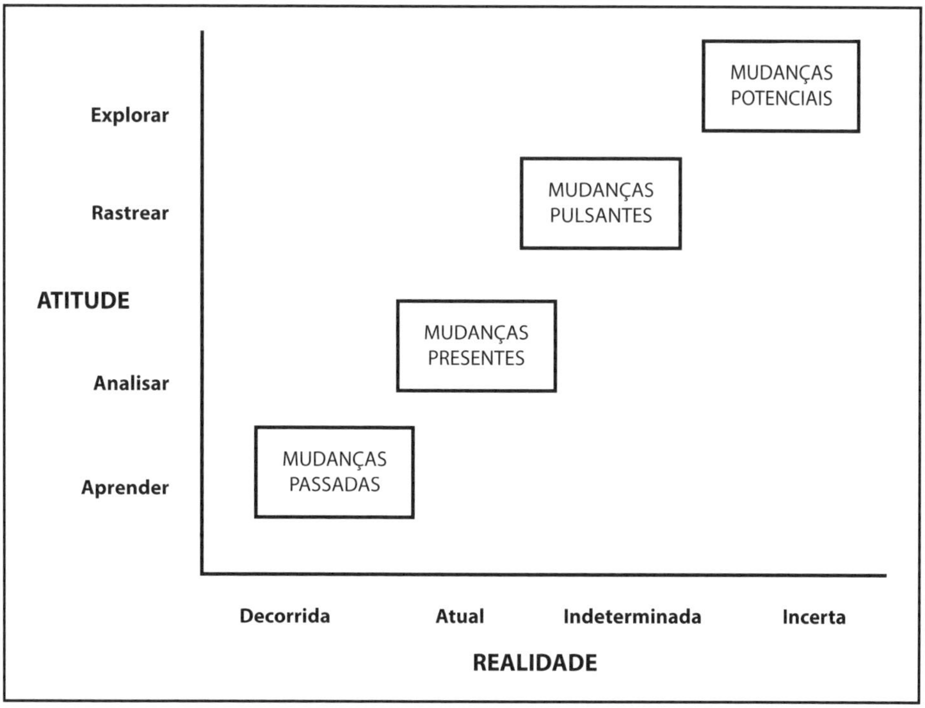

Repare: o eixo horizontal da matriz apresenta as quatro dimensões da realidade que acabamos de descrever. Relacionados a estas, os tipos respectivos de mudanças idealizadas. No eixo vertical encontram-se as quatro atitudes cognitivas que a empresa adotará, dependendo do tipo de mudança que estiver estudando.

Assim, a empresa deverá explorar as *mudanças potenciais*, construindo hipóteses sobre sua existência. Explorar mudanças potenciais significa, em suma, acreditar que novas realidades possam ser criadas pela ação transformadora da empresa, que deverá também rastrear as *mudanças pulsantes*, tentando captar de forma antecipada os sinais que estas possam estar emitindo. Isso significa manter-se atenta às pistas que toda mudança envia antes de realmente se concretizar.

Ainda, deverá analisar as *mudanças presentes*, procurando examinar a realidade com a qual se defronta a partir de uma perspectiva de antecipação. Trata-se não de examinar a realidade para responder às mudanças ocorridas, mas justamente para antecipar a mudança na realidade em exame.

Por fim, a empresa deverá aprender com as *mudanças passadas*, com o histórico de lições aprendidas por outras empresas do setor. Isso ajuda os estrategistas a reconhecer o padrão das mudanças no mercado em que operam. Trata-se de olhar para o retrovisor enquanto se mira o que vem pela estrada. Ao colocar em prática as quatro atitudes descritas, a empresa estará promovendo um deslocamento importante. Em vez de buscar respostas às velhas perguntas estratégicas...

Quais são as necessidades atuais dos compradores?

Quais serão os próximos passos da concorrência?

Que fatores-chave são importantes para o desempenho no setor?

Os preços da empresa são competitivos?

...a empresa passará a formular perguntas totalmente novas, ou seja, questões que levam a uma visão mais ampla e aberta da realidade, e não à busca de uma resposta instantânea e automática.

Que mudanças podem estar emitindo sinais de que irão ocorrer?

Que mudanças a empresa pode gerar no mercado?

O que as realidades atual e passada podem nos ensinar?

Essas "boas perguntas" — como frequentemente as titulamos —, mesmo que não respondidas de imediato, serão mais valiosas para a construção da proatividade de mercado do que as velhas respostas às perguntas de sempre.

Ao longo deste capítulo, mostramos como o *modelo DNA* constitui o instrumento fundamental para a formulação de uma estratégia proativa. Juntamente das duas ferramentas de apoio desenvolvidas — a *matriz gerar–modificar* e a *Matriz da Mudança* —, forma o conjunto instrumental básico para os gestores que decidirem agir de forma a antecipar a mudança.

Na prática, a proatividade de mercado será sempre uma ação de modificação ou geração em algum dos seis níveis de proatividade apresentados. Um raciocínio simples e prático, que com certeza poderá ajudá-lo a traçar estratégias mais proativas para seu negócio.

No próximo capítulo apresentamos as quatro chaves essenciais da proatividade de mercado.

INSIGHT 4.0

A INTELIGÊNCIA ARTIFICIAL E O FUTURO DO TRABALHO

Antes de começar a escrever este *insight*, resolvemos apresentar ao Google essa questão "*inteligência artificial e o futuro do trabalho*". Nas próximas linhas vamos mostrar três pontos que destacamos entre os conteúdos trazidos na primeira página do Google (eles nos deram alguns "recados", e esperamos que digam algo também para você):

Robôs e humanos trabalhando juntos configura um cenário bastante prová-vel; robôs (conhecidos como co-bots) atuarão como assistentes de colabora-ção. O aprendizado de máquina (machine learning) é capaz de realizar muitas tarefas, mas nem todas, no âmbito de uma determinada ocupação.

A inteligência artificial (IA) é bem superior a nós humanos em muitas funções cognitivas, mas não em criatividade, ou seja, nossa capacidade inventiva no campo das ideias. Máquinas aprendem, mas ainda não conseguem criar coi-sas novas sem prévias informações.

A IA vai mudar profundamente a relação milenar que nós temos com o traba-lho. Não haverá emprego para todo mundo, na medida em que as empresas forem adotando a IA com maior abrangência e profundidade. Por outro lado, muitas profissões novas surgirão na esteira da evolução da IA em diversos campos de trabalho.

O relatório *The Future of Jobs Report 2018,*[21] elaborado pelo *Centre for the New Economy and Society*, do *World Econômico Forum*, traz uma ampla investigação sobre o tema e nos aponta dados e conclusões instigantes. A pesquisa foi realizada em 20 países, abrangendo 12 setores econômicos, e foi respondida por 313 representantes de empresas globais (juntas, essas em-presas empregam mais de 15 milhões de pessoas).

Na apresentação das principais conclusões (*key findings*) há uma adver-tência que tem muito a ver com o tema central desse livro: "*ao passo em que as transformações da força de trabalho aceleram, a janela de oportunidades para a gestão proativa dessa mudança está se fechando rapidamente; as empresas, o*

---

governo e trabalhadores devem planejar e implementar proativamente uma nova visão do mercado global de trabalho."

Destacamos algumas conclusões que endereçam reflexões relevantes para as empresas em geral (sabemos que o componente *pessoas* é crítico para apoiar e sustentar estratégias proativas de mercado):

85% dos respondentes alegaram que, até 2022, muito provavelmente as empresas que representam vão expandir investimentos na adoção de tecnologias como big data, Internet das Coisas, machine learning, cloud computing;

59% dos pesquisados imaginam, até 2022, modificações significativas na forma de produção e distribuição, alterando a composição de sua cadeia de valor (a metade dos respondentes prevê modificações em suas bases geográficas de operações);

Aproximadamente 50% das empresas opinam que a automação reduzirá a sua força de trabalho em tempo integral até 2022; entretanto, 38% esperam implantar novas funções para alavancar a produtividade;

As empresas esperam mudanças significativas na distribuição de horas de trabalho dispendidas por humanos e máquinas, no período de 2018 a 2022. Em 2018, a distribuição indica uma média de 71% de horas dispendidas por humanos, contra 29% por máquinas. Em 2022, essa distribuição será alterada para 58% e 42%, respectivamente.

Até 2022, as funções mais emergentes relacionadas como uso de tecnologia nas empresas serão analistas de dados, cientistas de dados, desenvolvedores de software, especialistas em e-commerce e mídias sociais. Há expectativas de crescimento de funções muito relacionadas com habilidades humanas, valorizando profissionais ligados a serviços ao cliente, vendas, marketing, treinamento e desenvolvimento de pessoas, cultura organizacional e inovação. Por sua vez, funções diretamente relacionadas a tecnologias emergentes crescerão muito, tais como especialistas em inteligência artificial e machine learning, especialistas em big data, designers de interações homem–máquina, especialistas em blockchain e especialistas em robótica.

Temos uma visão otimista sobre todas essas transformações relacionadas ao trabalho na era 4.0. É fato que haverá redução na força de trabalho com a automação de processos e uso intensivo de inteligência artificial. Por outro lado, habilidades humanas genuínas, como a criatividade, serão muito valorizadas pelas empresas mais sensíveis e inteligentes.

Como já dissemos, transformação digital não se resume a aplicação de tecnologias. Ao final do dia, "pessoas fazem toda a diferença" em qualquer negócio. Mas há muitos desafios que as empresas terão de enfrentar na preparação das pessoas para a nova realidade do trabalho. É preciso agir já. O ritmo das mudanças é assustador. Acreditamos muito no valor do *mindset proativo* das lideranças e equipes de trabalho para a antecipação de problemas e identificação de oportunidades de inovação.

Mais do que nunca, precisamos combinar dois comportamentos essenciais para a sobrevivência na era 4.0: *visão de futuro* (não perder de vista realidades futuras de mercado: jamais se torna "refém do presente") e *senso de urgência* (capacidade de agir no presente: ajustar-se ao compasso das mudanças contínuas).

As Quatro Chaves da Proatividade

" *Estratégia, Marketing, Inovação e
Pessoas: os blocos básicos para que uma
empresa consiga agir antes da mudança.* "

Do livro *Estratégias proativas de negócio: As quatro chaves da proatividade*

Imagine a proatividade de mercado como uma árvore. As raízes, base de toda a sustentação da planta, são as *pessoas*. O tronco, que direciona o sentido de crescimento, é a *estratégia*. As folhas, que realizam a fotossíntese — a troca com o ambiente —, representam o *marketing*. E a *inovação* é a mudança da planta ao longo das estações, que a torna mais apta a sobreviver.

Essa metáfora nos faz perceber as quatro áreas essenciais para que a proatividade prospere. De fato, a ação proativa eficaz depende de um novo olhar sobre essas quatro dimensões. Como sempre dizemos, não há que se falar em antecipação da mudança caso não se entenda definitivamente que:

1. Fazer *estratégia* é muito mais do que um processo racional, deliberado e analítico, devotado a ajustar a empresa ao ambiente. *Empresas não são espécies evolutivas sem escolha perante o meio.*

2. As ações de *marketing* não precisam estar voltadas somente a atender as necessidades dos clientes. *O marketing pode também "orientar o mercado", em vez de somente ser por ele orientado.*

3. A verdadeira *inovação* é aquela que muda o comportamento do mercado e coloca a empresa para além da concorrência. *Inovações radicais são um dos pilares das estratégias proativas.*

4. Empresas proativas são feitas "de" e "por" *pessoas* proativas. *O comportamento proativo dos líderes e gerentes é o grande combustível da proatividade de mercado.*

A partir dessas quatro constatações, desenvolvemos o raciocínio que denominamos "as quatro chaves da proatividade", conforme ilustramos na Figura 6-1. Dessa forma, passamos a representar a *proatividade de mercado* como um clube seleto, onde só entrariam empresas convidadas a partir de rígidos critérios de competência comprovados. Para cada competência demonstrada, a empresa ganharia uma chave, e cada chave abriria uma porta para acesso ao distinto clube das empresas proativas. Mas o ingresso só seria permitido com a posse das quatro chaves. Se faltasse uma delas, a empresa seria "barrada no baile".

FIGURA 6-1

As quatro chaves da proatividade

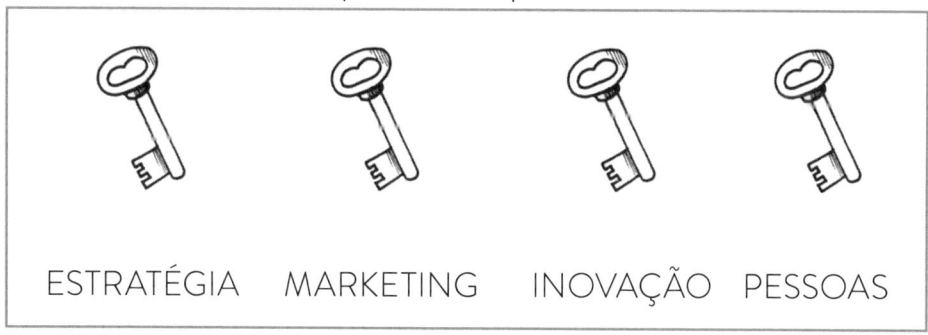

ESTRATÉGIA   MARKETING   INOVAÇÃO   PESSOAS

Neste livro, reforçamos esse raciocínio. Continuamos enfatizando que as empresas que querem ser proativas devem, indispensavelmente, mostrar sua competência nessas quatro áreas. Isso significa que, para ser proativa em relação ao mercado, uma empresa deverá:

- Construir *estratégias proativas* que antecipem a mudança, e não apenas reajam a ela.

- Ter um *marketing proativo*, que vá muito além da mera satisfação dos clientes.

- Praticar a *inovação proativa*, a qual busca romper com os padrões vigentes da oferta.

- Alicerçar todas essas ações a partir de líderes e profissionais que atuem proativamente, ou seja, a partir de *pessoas proativas*.

O domínio da proatividade de mercado, portanto, está em deter essas quatro chaves, *todas imprescindíveis* para a empresa que busca ser mais proativa em relação ao ambiente. Não basta, por exemplo, a empresa ser competente em três dimensões, mas deficiente na quarta. As chaves não são excludentes, não substituem uma a outra. Tal qual ocorre com uma árvore — que não pode prescindir de nenhuma de suas partes essenciais para sobreviver —, a proatividade sucumbirá caso a empresa não detenha as quatro chaves descritas.

Neste capítulo veremos justamente as questões fundamentais no âmbito de cada uma delas.

> *Tal qual ocorre com uma árvore — que não pode prescindir de nenhuma de suas partes essenciais para sobreviver —, a proatividade sucumbirá caso a empresa não detenha as quatro chaves descritas.*

1ª chave: estratégias proativas

Explicaremos o que é uma estratégia proativa a partir de *quatro características fundamentais*. São esses atributos que tornam uma estratégia proativa distinta — e mais eficaz — de uma estratégia *tradicional*. Temos observado, já há um bom tempo, como essas características "fazem toda a diferença" quando o assunto em pauta é a antecipação do futuro.

A primeira característica é o *horizonte alargado de tempo*. Enquanto a estratégia convencional mira o curto prazo, *estratégias proativas* são construídas tendo como foco o futuro. Isso pode parecer demasiado óbvio, mas temos visto como esse detalhe "sutil" é importante. Pense em quantas empresas desapareceram por força de uma visão demasiado estreita em relação ao futuro do mercado em que atuavam. Empresas que, "cegas" pelo sucesso do passado, não acreditaram que "as coisas não seriam mais as mesmas" amanhã. Demasiado reativas, elas não conseguiram mais se adaptar quando a mudança disruptiva bateu à porta.

A *tirania do curto prazo*, sobre a qual comentamos sempre, é um dos grandes responsáveis por essa "negligência" das empresas em relação ao futuro. Isso porque a visão imediatista prende a empresa ao "aqui e agora", às metas do mês, ao operacional, ao "apagar incêndio". Sobra, por conseguinte, pouco tempo para um olhar mais alargado em relação ao amanhã. Pouco tempo para a proatividade.

Um segundo atributo fundamental de uma estratégia proativa é que ela *busca criar o novo*, o "diferente", e não apenas colocar a empresa à frente da concorrência. Como dizemos: *a essência da estratégia é gerar valor, e não derrotar os competidores*. E é essa *Proposta de Valor Proativa* que, justamente, quebra os padrões de mercado vigentes, colocando a empresa longe do congestionamento competitivo.

Uma *Proposta de Valor Proativa* (PVP) é aquela que busca satisfazer necessidades latentes (não declaradas) que os próprios consumidores desconhecem. Ela constitui uma oferta até então sem similar, subvertendo as regras do jogo no mercado. Note que uma *PVP* vai muito além do produto, muitas vezes trabalhando a questão dos serviços agregados e da própria experiência de consumo. Ela não busca ser "a melhor" proposta do mercado, mesmo porque essa é uma questão muito subjetiva. Pense conosco: qual o melhor hotel? Difícil responder. Todos sabemos, no entanto, que foi a Accor quem subverteu as regras da hotelaria ao criar o conceito de "hotel econômico" por meio da bandeira Ibis, uma ação proativa que até hoje é imitada pela concorrência.

A terceira qualidade de uma estratégia proativa é que ela é de natureza *ofensiva*, e não *defensiva*. Empresas proativas não jogam "na retranca", mais preocupadas em defender o que conquistaram do que realizar novas conquistas. Embora, obviamente, elas manejem esforços para proteger mercados conquistados, essa preocupação não se torna o norte exclusivo de suas ações estratégicas. Costumamos dizer que uma estratégia proativa "define" mercados mais do que os defende.

Obviamente, a defesa de mercados é uma estratégia útil e válida, como quando uma empresa vê seu market share ameaçado pelo ataque da concorrência. O problema, no entanto, é que essa estratégia de retranca pode ofuscar a visão da empresa para a mudança radical que se avizinha no horizonte. O caso da Kodak, já citado, espelha isso de forma evidente: na conservação de sua liderança absurda a qualquer preço (chegou a ter 90% do mercado de filmes), a gigante da fotografia negligenciou o emergente mercado da fotografia digital, pagando muito caro por isso.

O mesmo se sucedeu com a Nokia, que antes do advento dos smartphones, pela Apple, detinha 2/3 do mercado mundial de telefones celulares convencionais, um mercado que a empresa tentou proteger até sucumbir. Mais recentemente, o desaparecimento da icônica Blockbuster no mercado de aluguel de filmes também mostra como a defesa nem sempre é a melhor estratégia (veja adiante).

Finalmente, o quarto predicado diz respeito aos trade-offs presentes em toda construção estratégica. Sabemos que desenhar uma estratégia é, e será sempre, um processo de escolha, e escolher é sempre dizer um "sim" para alguma coisa e vários "nãos" a outras. Esse aspecto se torna ainda mais crítico no âmbito da proatividade de mercado. Dessa forma, uma empresa que quer antecipar o futuro terá que fazer escolhas importantes entre, por exemplo, os ganhos de curto prazo em prol de inovações de retorno mais incerto. Ou entre a operação do dia a dia e uma visão de futuro mais ousada. Sem essas escolhas (difíceis, por certo), nenhuma empresa conseguirá ser proativa perante o mercado.

Essa, no entanto, não é uma tarefa trivial. Sabemos que a *pressão da operação* acaba direcionando as escolhas para as ações mais urgentes. Nesse contexto, muitas vezes as preferências estratégicas batalham por espaço em nítida desvantagem de prioridades. Nessas horas, mais vale, como diz o ditado, o "pássaro que está na mão". O problema, no entanto, é que essa postura afastará a empresa por completo dos pássaros ainda em voo, mas que poderiam ser capturados.

As quatro características de uma estratégia proativa

- Horizonte alargado de tempo: *foco no longo prazo.*

- Criação do novo: *ser diferente, em vez de ser "o melhor".*

- Natureza ofensiva: *o ataque é a melhor defesa.*

- Habilidade nos trade-offs: *proatividade envolve escolhas.*

COMO A FALTA DE PROATIVIDADE AFUNDOU A BLOCKBUSTER

Em meados dos anos 2000, a Blockbuster dominava a indústria de locação doméstica de filmes. Era a maior empresa de aluguel de DVDs do mundo. Contava com mais de 9 mil lojas espalhadas por quatro continentes, 70 milhões de clientes e um polpudo orçamento de marketing. Tudo isso orquestrado por uma gestão de operações eficiente e lucrativa. Uma situação confortável, que lhe garantia — no auge de sua liderança no mercado, em 2004 — receitas da ordem de US$6 bilhões anuais.

Foi preciso menos do que cinco anos para todo esse império ruir. O nome do algoz: Netflix. Por perversa ironia, a mesma empresa que, em 2000, havia oferecido à Blockbuster um negócio em conjunto: a Blockbuster usaria a Netflix como seu serviço online e, em troca, promoveria a marca Netflix em suas lojas físicas. Conta a história que o então presidente da Blockbuster, John Antioco, ridicularizou a proposta feita por Reed Hastings, um dos fundadores da Netflix. O valor da negociação à época: US$50 milhões. Hoje a Netflix está avaliada em US$30 bilhões. A Blockbuster? Pediu falência em 2010.

Os estrategistas da Blockbuster, por certo, eram bons gestores. Afinal, eles administravam uma empresa líder, lucrativa e poderosa. O próprio Antioco tinha uma longa trajetória de sucesso no varejo. Era tido como um dos mais competentes CEOs do setor. Entretanto, e como gostamos de dizer, "boa gestão" não necessariamente significa "boa visão". E foi exatamente uma falta de visão em relação ao futuro que dinamitou a empresa.

Repare como as características de uma estratégia proativa ajudam a entender este caso: faltou à Blockbuster, antes de tudo, uma visão de longo prazo, focada nas dinâmicas do mercado e em potenciais mudanças no modelo de negócio vigente. A empresa ficou mais centrada em defender a liderança que detinha do que em definir novos rumos para o negócio. Uma miopia reativa, aliás, que geralmente acomete os líderes de mercado.

Uma mistura de excesso de confiança, arrogância estratégica e foco demasiado no presente, eis o coquetel mortal que embaçou a visão dos gestores da Blockbuster. Os sinais de mercado, já naquela época, mostravam que o novo modelo de negócios de assinaturas, proposto pela Netflix, cada vez mais ganhava adeptos. O "radar" da Blockbuster, no entanto, não captou os avisos que toda mudança sempre emite. Ou, se os captou, não deu o devido crédito a eles. A Blockbuster foi reativa demais.

Observe, por outro lado, como a estratégia da Netflix foi proativa: em 1998, apostando em um futuro diferente, a empresa subverteu inteiramente a *proposta de valor* do mercado. As pessoas não precisavam mais ir à locadora para alugar os DVDs: bastava acessar o site, encomendar os títulos e recebê-los em casa. E, na (sempre chata) devolução, um funcionário da empresa passava na casa do cliente para recolher os DVDs, enquanto já aproveitava para entregar as novas encomendas.

141

Um ano depois, mais uma inovação proativa: o serviço de assinatura. As pessoas pagavam uma taxa e assistiam a quantos vídeos quisessem, sem o risco de pagar as antipáticas multas de atraso na devolução (aliás, uma das principais fontes de renda da Blockbuster), uma estratégia que modificou radicalmente os hábitos e as preferências dos consumidores. Daí para o domínio do mercado, foi só uma questão de tempo.

Em 2007 veio a inovação que alçou a Netflix ao que ela é hoje: o serviço de *streaming*. Um detalhe: naquele ano, a empresa atingia a marca de 1 bilhão de DVDs alugados. Contudo, não ficou cega pelo sucesso. Os discos estavam se tornando coisa do passado, e a Netflix não ficou presa a uma estratégia vencedora: os sinais de mercado anunciavam que, mais uma vez, era preciso mudar. Era preciso canibalizar o próprio negócio, para das cinzas do antigo renascer um novo modelo de atuação. Nada mais proativo: saber lidar com os trade-offs da escolha estratégica. De lá para cá, outra inovação: a criação de conteúdos originais, que turbinaram ainda mais o sucesso da empresa.

Ao longo de toda essa história, a Blockbuster não teve outra opção a não ser modificar seu modelo de negócio, entrando também no mercado online de locação. Porém, e como geralmente ocorre nesses casos, não conseguiu operar nesse novo conceito de forma lucrativa, começando aí sua derrocada (o mesmo que aconteceu com a Kodak, que jamais conseguiu ter lucro a partir da entrada no mercado de fotografia digital). Com dizemos sempre, a proatividade de uma empresa obriga as outras a serem reativas, e essa mudança muitas vezes cobra um alto preço das "seguidoras". Modelos de negócio não funcionam por decreto.

Hoje a Blockbuster ficou no passado. A empresa fechou definitivamente as portas em 2013. Bem, não totalmente: restaram 12 lojas franqueadas nos EUA (uma delas no Alasca). Muitas viraram pontos turísticos. As pessoas tiram fotos do que restou de uma gigante do entretenimento, assim como se batem fotos do Coliseu ou das ruínas Maias. Como esses monumentos, a gigante Blockbuster é hoje somente uma lembrança, um símbolo patético do que a falta de proatividade pode fazer com uma empresa.

2ª chave: marketing proativo

Não temos nenhuma dúvida de que o marketing do novo milênio será *proativo*. Um tipo de marketing que tem uma característica primordial: ele busca antecipar as necessidades e preferências futuras dos clientes, ao contrário do marketing *tradicional* ou *reativo* — o "velho" marketing —, sempre na busca de atender os desejos explícitos do mercado.

O professor Philip Kotler delimita essa diferença de forma clara: profissionais do *marketing reativo* — reitera — resumem sua ação em suprir as necessidades dos clientes. Já aqueles que praticam o *marketing proativo* vão muito além, eles rastreiam necessidades futuras (latentes), e até mesmo criam soluções que nem os próprios clientes sabiam que desejariam.[1]

Para dar conta desse objetivo, a caixa de ferramentas do marketing proativo faz uso de três equipamentos fundamentais. O primeiro deles é o que chamamos de *segmentação proativa*, o segundo é a *pesquisa proativa*, e o terceiro e último é a geração de uma *Proposta de Valor Proativa (PVP)*.

Segmentação proativa. A *segmentação proativa* permite que a empresa descubra novos segmentos que os concorrentes nem sequer cogitam. Esse tipo de segmentação requer um trabalho inteligente de obtenção e análise de dados, para descobrir o que nenhum competidor está vendo no mercado. Segmentos ocultos são como garimpos ainda virgens, esperando que alguma empresa venha colher as pepitas. Nessa corrida do ouro, ganhará quem souber utilizar com mais destreza as pás e picaretas da segmentação. A segmentação proativa ajuda justamente no manejo desses instrumentos.

Algumas recomendações para sua empresa aplicar a segmentação proativa:

1. Vá além das variáveis socioeconômicas e demográficas e use também variáveis funcionais e comportamentais. São elas, ao final, que explicam diferentes comportamentos de compra.

2. Inove ao cortar o bolo da segmentação de clientes. Variáveis psicográficas e etnográficas permitem uma visão mais holística sobre cada fatia.

3. Lembre-se de que as batalhas de mercado são vencidas com conhecimento de clientes, e não com o domínio técnico de atributos de produtos (algo que todos os concorrentes podem desenvolver em nível equiparável).

---

1 O conceito de *marketing proativo* descrito por Kotler baseia-se na descrição presente em nosso primeiro livro, *Empresas proativas: Como antecipar mudanças no mercado* (Campus, 2011). Ficamos muito honrados com essa referência feita pelo grande mestre do marketing.

4. Você já sabe: clientes não compram produtos, eles compram as tarefas executadas pelos produtos. Pratique a pesquisa proativa para descobrir as tarefas essenciais que os clientes procuram e que mais valorizam.

5. Procure captar sinais de mudanças futuras no comportamento dos clientes e descubra demandas ainda latentes do mercado.

Essas cinco dicas ajudam a entender por que dois clientes, com perfil socioeconômico muito similar (faixa etária, sexo, estado civil e faixa de renda, por exemplo), podem ter motivações e preferências de compra completamente diferentes em relação ao mesmo produto. Se segmentarmos esses clientes somente a partir de variáveis demográficas, acabaremos agrupando-os em um mesmo segmento, quando, na verdade, pertencerão a grupos distintos de consumidores.

É o caso, por exemplo, de duas mulheres, de mesma faixa etária e nível de renda, mas com comportamentos muito distintos em relação ao consumo de pacotes de viagem, ou à importância que dão ao status de marca. A segmentação proativa, ao se valer também de variáveis comportamentais e psicológicas, terá um olhar diferenciado sobre essas duas pessoas, as quais, em um processo de segmentação, representariam milhares de indivíduos, agrupando-os sob grupos distintos.

Muitas empresas já estão se valendo de processos mais diferenciados de segmentação. Um desses exemplos vem da indústria vinícola (veja adiante), um setor tradicionalmente conversador, mas que nos últimos anos tem adotado novas posturas diante do gigantesco mercado de bebidas alcoólicas. Mais uma prova de que criação de segmentos de consumo até então não imaginados pode se tornar uma grande fonte de vantagem competitiva.

COMO A SEGMENTAÇÃO PROATIVA ESTÁ CRIANDO UM NOVO MERCADO NO MUNDO DOS VINHOS

Anos 1980: o uso de tecnologia começa a se intensificar, os computadores tornam-se mais pessoais. Plataformas mais amigáveis de trabalho, como o icônico Windows da então quase desconhecida Microsoft, iniciam seu domínio. Enquanto isso, nas maternidades, um choro diferente ecoa: começa a vir ao mundo a primeira leva de bebês da geração Y.

Os Y, ou millennials, são as pessoas nascidas do começo da década de 1980 até o final dos anos 1990. Indivíduos que têm, hoje, portanto, entre 19 e 35 anos. É a geração do tablet, do smartphone e das redes sociais. São pessoas mais flexíveis às diferenças, com uma visão mais global e menos local, além de mais questionadores. Indivíduos Y em geral são menos pacientes, altamente dinâmicos e sedentos pela velocidade nas ações.

Pois bem, essa turma representa, hoje, um grande mercado. São consumidores menos preconceituosos, mais abertos a novidades e à quebra de paradigmas, um alvo perfeito para a segmentação proativa. E um mercado tem mostrado de forma clara como tirar partido dessa oportunidade: o emergente mercado de vinho em lata, voltado justamente para os consumidores jovens, da tribo Y.

A novidade, por enquanto, desembarcou nos mercados dos EUA e da Austrália há alguns anos, mas os números já mostram sua força. Dados da Nielsen evidenciam que em 2015 as receitas do "vinho em lata" chegaram perto de US$15 milhões nos EUA, um crescimento vertiginoso de 125% em relação ao ano anterior.

Um dos slogans criados para esse mercado diz: "Não temos tempo para a tradição". E uma vinícola da Califórnia, em clara afronta ao mundo tradicional do vinho, comunica em suas latinhas: "Vinho é para beber, não para apreciar". E arremata afirmando que as "notas" do vinho estão "mais para rock do que para música clássica", uma clara contraposição ao glamour do vinho e sua "dificuldade", características um tanto desconfortáveis para as novas gerações. É uma lógica de confronto com os valores pétreos do vinho. Mas se as receitas crescem, qual o problema?

Note que essa nova oferta, que pode soar uma heresia aos aficionados por vinho, se adequa de forma notável ao estilo de vida "cool" dos millennials. Afinal, ninguém compra latas de vinho para envelhecer na adega. Ao contrário, elas são perfeitas para carregar na bolsa térmica e serem abertas a qualquer hora, sem precisar do incômodo saca-rolhas. É o típico vinho para um piquenique. Prático, sem frescuras e, melhor de tudo, delicioso.

Cepas Pinot Noir, Chardonnay, bons Rosés e até espumantes já fazem parte do cardápio da vinícola em latinhas. E muito mais, ao que parece, vem por aí. O futuro promete, pois os millennials representam a faixa etária que mais consome vinho nos EUA e que cada vez mais se seduz pelo vinho envolto em alumínio. Afinal, as latinhas são politicamente corretas e amigáveis: práticas, leves, sustentáveis e ainda por cima econômicas. Por que não?

Para onde vai esse mercado? Talvez nem Baco saiba. Mas uma coisa é certa: a julgar pela aceitação, o vinho em lata chegou para ficar! Uma prova de que segmentar o mercado proativamente, criando novos espaços de consumo, pode render bons frutos. E que vão muito além da uva, por certo!

Pesquisa proativa. Costumamos dizer que a inteligência de marketing de uma empresa se mede pelo grau de "curiosidade estratégica" das pesquisas de mercado. Entende-se por curiosidade estratégica o pensamento proativo presente nas investigações de mercado, ou seja, a capacidade de a empresa explorar o que está latente, alguma necessidade em estado de hibernação que o próprio cliente não consegue verbalizar. A *pesquisa proativa* é uma ferramenta fundamental nesse processo. Ela vai além do lugar comum das perguntas diretas dos questionários roteirizados e é fortemente baseada em observações e mensagens qualitativas.

A pesquisa proativa bebe nas fontes da economia, psicologia, sociologia e antropologia, para explicar as tendências de comportamento, cada vez mais voláteis e mutantes. É focada no futuro e parte da premissa de que mercados são dinâmicos, e que o presente não deve ser simplesmente projetado. O exercício aqui é outro, bem mais instigante: trata-se de trazer o futuro para o presente, com base em estudos de megatendências, rastreamento de sinais de mudanças e planejamento de cenários prospectivos.

Técnicas como as de *design empático*,[2] abordagens de *inovação centrada no cliente* (as lógicas do *cliente-inovador*, da *cocriação de valor* e do *job to be done*)[3] e *métodos metafóricos de análise*[4] são algumas das ferramentas do arsenal proativo de pesquisa.

Práticas de pesquisa proativa ganharão importância crescente no mundo 4.0. Primeiro porque valorizam o lado humano, isto é, o coração e a mente dos consumidores. Segundo, e por consequência, porque fogem do olhar convencional que vislumbra o mercado sob a ótica do produto, um viés cartesiano que acaba limitando as possibilidades de inovações mais proativas.

---

2 Sobre design empático, veja o artigo seminal de Dorothy Leonard e Jefrey F. Rayport, "Spark Innovation Through Empathic Design", *Harvard Business Review*, nov.-dez. de 1997, p.102-113.

3 A lógica do cliente inovador pode ser vista em Stefan Thomke e Eric Von Hippel, "Customer as Innovators: A New Way to Create Value", *Harvard Business Review*, abril de 2002, p. 74-81. A lógica da cocriação de valor pode ser vista em C.K. Prahalad e Venkat Ramaswamy, "Co-Creation Experiences: The New Pratice in Value Creation", *Journal of Interactive Marketing18*, n.3, 2004, p.5-14; e em Eric Von Hippel, *Democratizing Innovation*, Cambridge: MIT Press, 2005. A lógica do job to be done pode ser vista em Anthony W. Ulwick, *Jobs to Be Done: Theory to Practice*, Nova York: Idea Bite Press, 2016; *What Customers Want: Using Outcome-Driven Innovation to Create Breakthrough Products and Services*, Nova York: McGraw-Hill Companies, Inc., 2005; em Clayton M. Christensen, TAddy Hall, Karen Dillon e David S Duncan, *Competing Against Luck*, Nova York: Harper Business, 2016.

4 Para uma visão sobre a pesquisa metafórica, veja Gerald Zaltman, "Rethinking Market Research: Putting People Back In", *Journal of Marketing Research* 34, n.4, novembro de 1997, p.424-437; Gerald Zaltamn e Robin Higie Coulter, "Seeing the Voice of the Customer: Metaphor-Based Advertising Research", *Journal of Advertising Research*, jul.-ago. de 1995, p.35-51.

Ora, diante da profusão de ofertas do "grande bazar digital e físico", é pouco instigante esse olhar exclusivo para o produto, um ativo que rapidamente tende a virar *commodity*, ou seja, é facilmente copiado por concorrentes — que também acessam as mesmas tecnologias, a custos cada vez mais acessíveis. Assim, o gatilho para inovar com impacto só será acionado a partir de um olhar sensível para o comportamento multifacetado dos clientes.

Mas a era 4.0 traz ainda outras possibilidades para os estrategistas de marketing e de inovação mergulharem nos sentimentos e nas atitudes dos clientes. Preciosos insights podem surgir da análise de dados sobre as ações dos consumidores em ambientes digitais, como redes sociais e plataformas de compras online, entre outros. O monitoramento desses dados — um verdadeiro *tracking* digital — abre um leque de possibilidades nunca antes possível nos domínios da inteligência competitiva e dos estudos sobre o comportamento do consumidor.

Proposta de Valor Proativa. Não compramos produtos e serviços, compramos "propostas de valor". Ofertas, portanto, são apenas plataformas para entregar os benefícios embutidos nessa proposta. Simples assim, e complexo no mundo real. Se não fosse, todas as empresas seriam bem-sucedidas no mercado. Sabemos, obviamente, que não é o que acontece.

Ensina a teoria de marketing que uma *Proposta de Valor (PV)* é sempre uma função entre o *preço* a ser pago e a *qualidade* percebida. Na ótica do cliente, portanto, a melhor proposta será aquela que lhe trouxer maior valor. É o famigerado "bom, bonito e barato". Vale ressaltar que a qualidade é, aqui, uma moeda de duas faces: de um lado, a qualidade tangível (funcionalidade do produto), e de outro, a qualidade intangível (marca, imagem da empresa, aspectos "aspiracionais" que a oferta é capaz de suscitar).

A *Proposta de Valor Proativa (PVP)* guarda essa mesma lógica em sua concepção, mas com uma diferença singular: ela é desenhada para antecipar as mudanças de mercado, e não somente para suprir os clientes em suas necessidades declaradas ou seguir os passos da concorrência. Como fizeram Facebook, Uber, Google, Airbnb, Instagram e Netflix, para citar os mais conhecidos, novas empresas que revolucionaram o mercado com novas propostas de valor.

O que essas empresas têm em comum? Simples: elas viraram de ponta-cabeça a proposta de valor vigente, implodindo com as regras de competição até então seguidas. O Facebook tem 2 bilhões de usuários, mas não cria uma linha de conteúdo; Uber, a maior companhia de "táxis" do mundo, não possui veículos; Airbnb, o gigante da hospedagem, não possui imóveis; Instagram, a valiosíssima empresa fotográfica, não vende câmeras; Netflix, a maior rede de televisão do planeta, não usa cabos.

E muito mais, com certeza, vem por aí. As propostas de valor do futuro já se escondem no horizonte, esperando para serem antecipadas. Na evolução do mundo 4.0, testemunharemos o surgimento contínuo e intenso de PVPs, em todos os segmentos de negócio, graças ao uso intensivo de novas tecnologias, um mundo de "abundância" que permite o acesso de milhões de pessoas a novos produtos e serviços, antes limitados a poucos privilegiados. É a tecnologia democratizando benefícios.

Esse novo contexto é explorado de forma brilhante no livro *Abundância: O futuro é melhor do que você imagina* (Alta Books, 2018), escrito por Peter Diamandis (cofundador e chairman da Singularity University, EUA) e Steven Kotler (jornalista, cofundador e diretor de pesquisa do Flow Genome Project). Veja só o que eles dizem na nota introdutória à obra: "Nos próximos oito anos, 3 bilhões de novos indivíduos estarão se conectando à internet, aderindo à conversa global e contribuindo para a economia planetária. Suas ideias — às quais nunca tivemos acesso antes — resultarão em descobertas, produtos e invenções que beneficiarão todos nós".

A ideia central do livro nos diz que, no cerne dessa transformação sem precedentes pela qual passamos, a tecnologia elevará o padrão de vida de homens, mulheres e crianças nos quatro cantos do planeta. Diamandis e Kotler defendem a tese de que a "tecnologia é um mecanismo liberador de recursos", e essa condição alavanca nossa capacidade de inovação, a terceira chave da proatividade, de que trataremos na sequência.

3ª chave: inovação proativa

A inovação é irmã gêmea da proatividade de mercado. São dois lados de uma mesma moeda: impossível ser inovador sem ser proativo; impossível ser proativo sem uma boa dose de inovação. Mas nem sempre as empresas inovam dessa forma proativa. Ao contrário, elas quase sempre praticam apenas inovações de melhoria.

Inovar proativamente significa antecipar preferências e necessidades dos clientes com ofertas inusitadas, renovar modelos de negócio, criar novos mercados e ultrapassar os passos da concorrência. A maioria das empresas, no entanto, não é proativa em suas inovações. Por que isso acontece? A resposta passa por algumas questões fundamentais.

Obstáculos à inovação proativa

Muitas empresas reduzem o potencial de suas inovações por pensá-las *somente pela ótica da melhoria*. Aprimoramento de processos, ajustes nos produtos, ganhos de custo, incrementos de qualidade: ações vitais para toda empresa, sem dúvida alguma. Mas tais ações não caracterizam a verdadeira inovação antecipatória. Resultado desse cenário, a inovação dita incremental — focada na melhoria do que já existe — segue representando a grande parcela dos esforços de inovação das empresas.

A insegurança, o "esperar para ver", é outro obstáculo nesse contexto. Sabe aquela empresa vacilante, que espera que outros inovem primeiro para aproveitar a trilha já aberta até a clareira? Pois é, isso caracteriza o que chamamos de inovação reativa, um dos principais motivos que faz com que as empresas permaneçam distantes da proatividade de mercado. Inovações reativas são, na maioria das vezes, baseadas em benchmarkings de mercado, ou na mera fotocópia dos concorrentes. Nada mais prejudicial para a empresa que realmente quer antecipar mudanças e guiar a competição.

O *medo do canibalismo* é uma terceira armadilha. O canibalismo eficiente e proativo se ancora em um raciocínio simples: destrua sua vantagem antes que outros o façam. Como chancelou Andy Grove, CEO da gigante Intel por uma década, "você deve ser seu principal concorrente". E como muitas vezes dizemos nos reportando ao canibalismo: "não espere seu barco ser atingido pelos torpedos da concorrência. Afunde-o antes e construa um barco novo!"

O *receio da rejeição* é nossa quarta ameaça. Quando uma empresa teme em demasia que uma nova oferta ou a criação de uma preferência junto aos consumidores possa não ter a aderência que imagina, está caracterizado o receio da rejeição. Convém ressaltar que esse medo não é de todo infundado: inovações radicais envolvem ofertas não familiares, as quais usualmente exigem quebras de paradigmas e/ou novas habilidades de uso, além de poder conflitar com os hábitos arraigados dos consumidores. Não é de estranhar, então, que muitas vezes exista resistência em adotá-las. A estratégia para vencer o receio da rejeição é justamente tornar essa possibilidade de não aceitação a menor possível. Para tanto, a empresa deverá deter a habilidade de influenciar e preparar os consumidores a entender e aceitar as inovações radicais na oferta padrão ou complementar, bem como no âmbito das preferências e necessidades de consumo.

Por fim, a inovação proativa será repelida se a empresa não souber "ouvir o que os clientes não dizem". Quando se trata de inovações radicais, os consumidores geralmente não conseguem imaginar o que seria possível existir. Eles podem fornecer informações relevantes sobre as ofertas existentes, é verdade, mas têm pouco a contribuir quando se busca desafiar proativamente o padrão da oferta vigente. Assim, é preciso que a empresa "escute de modo diferente", sendo capaz de transcender o que os consumidores expressam. Em outras palavras, é preciso que a escuta da empresa seja sensível também às preferências e necessidades latentes.

Os obstáculos listados constituem como um pequeno mapa para a inovação proativa. As ações descritas mostram o que fazer — e o que não fazer — para tornar a inovação de sua empresa mais antecipatória e voltada a romper com os padrões do mercado.

É preciso, no entanto, que os gestores tirem a inovação do discurso e ajam para torná-la realidade. Nesse sentido, uma visão clara e objetiva do processo inovador tem papel fundamental. As cinco questões que seguem ajudam nesse processo. Elas auxiliam os gestores a não caírem na armadilha da inovação puramente incremental. Assim, finalizamos este tópico apresentando as *verdades da inovação proativa*.

AS CINCO VERDADES DA *INOVAÇÃO PROATIVA*

- *Inovação proativa é estratégia de longo prazo*, ela não acontece da noite para o dia. Empresas inovadoras investem de forma permanente na busca por novas formas de fazer negócio. A maneira mais correta de fazer isso é estipular um percentual sobre o faturamento para os projetos inovadores, e esse número dependerá, é claro, do setor em que a empresa atua e do quão inovadora ela pretende ser.

- *Não existe inovação proativa sem parceria.* Nenhuma empresa inova sozinha. Inovação é resultado de uma rede de conhecimentos, tecnologias e competências distintas, que dificilmente serão dominadas por apenas uma organização. É a chamada *inovação aberta*. Nesse contexto, a troca de conhecimento e expertise com centros tecnológicos e instituições de ensino e pesquisa é indispensável.

- *Inovação proativa é questão de cultura.* Todos os livros sobre inovação trazem esta premissa incontestável: empresas inovadoras promovem, antes de tudo, uma cultura de inovação. Isso significa que a inovação deve permear toda a empresa, seus valores, sua visão de futuro e suas estratégias. Sem isso, a inovação será no máximo um movimento isolado e descontínuo, com poucas chances de sucesso.

- *Não existe inovação proativa sem risco.* Inovar é arriscado, pois carrega consigo, sempre, a possibilidade do fracasso. Empresas inovadoras gerenciam o risco e o erro, os dois grandes vilões do processo inovador. Elas dimensionam os limites de perda para que eventuais fracassos não afetem sobremaneira o negócio. E também aceitam o erro como parte natural do processo de inovação, vendo-o como uma valiosa oportunidade de aprendizado e melhoria futura.

- *Inovação proativa não ocorre só em produto.* As oportunidades de inovação vão muito além do lançamento de novos produtos e tecnologias. Pode-se inovar, por exemplo, em serviços agregados, no canal de distribuição, na precificação, no fornecimento de matéria-prima, no relacionamento com os clientes, no processo. Reduzir a inovação apenas ao produto físico diminui as possibilidades estratégicas da empresa.

Essas verdades não caem por terra na era 4.0, mas um alerta ecoa, e ele diz respeito a *prazos*. Na lógica exponencial, o "longo prazo" pode ser "encurtado", devido ao rápido avanço de tecnologias disruptivas que aceleram o tempo de desenvolvimento de muitas inovações. Além disso, o ciclo de vida dos produtos — um clássico conceito em marketing — vai sendo comprimido, por força da própria tecnologia que torna obsoletos atributos funcionais antes surpreendentes.

4ª chave: pessoas proativas

Tarde ensolarada no mundo de sonhos da Walt Disney World. Mais um desfile está só começando na Main Street USA, porta de entrada do parque Magic Kingdom. Pessoas se aglomeram ao longo do meio fio, todas buscando o melhor lugar para acompanhar o espetáculo. A fantasia e o encantamento pairam no ar.

Súbito, eis que um punhado de pipocas reluz bem no meio da rua principal, justo por onde passarão os carros alegóricos e os personagens dali a menos de três minutos. A limpeza quase asséptica do local faz aquele montinho "non grato" ganhar destaque. A maioria do público ainda não percebeu aquela sujeira intrusa que resplandece sobre o asfalto impecável, mas, discretamente, o elenco Disney já está entrando em ação.

Um funcionário nota visualmente o montinho inconveniente. Pela vestimenta, aparenta ser alguém da gerência. Olha em seu redor à procura de um funcionário da limpeza. Não vislumbra nenhum. Pelo rádio, aciona auxílio. Enquanto isso, sem vacilar, posta-se em pé sobre o monte, tendo as pipocas entre os pés. Faz isso para que ninguém inadvertidamente pise na sujeira, e também para que o vento não a espalhe. E ali fica, quase imóvel, aguardando pacientemente pelo apoio chamado.

Em menos de dois minutos, surgem dois homens da limpeza. Só agora o funcionário arreda de sua sentinela. Tudo novamente limpo e reluzente. Nosso gerente dá o toque final no processo, catando com as mãos os últimos flocos que teimam em não ser varridos para o lixo. Um simples saco de pipoca derrubado foi tratado com extrema seriedade, responsabilidade e profissionalismo. Problema resolvido. O desfile avança em seu cortejo.

Essa cena foi presenciada por um dos autores deste livro, e nós a reproduzimos aqui pois ela nos diz muito sobre a proatividade pessoal no trabalho. Um exemplo simples ilustra isso de maneira evidente: na Disney, basta um visitante fazer a sutil menção de estar procurando algo no mapa, e pronto: surge na frente dele alguém realmente disposto a ajudar. Basta estar perdido, e alguém, em um piscar de olhos, vem em auxílio. Ninguém trabalha de cabeça baixa, desviando o olhar dos clientes. Todos antecipam movimentos. Rastreiam necessidades. Enfim, agem proativamente.

Fotógrafos se antecipam ao seu pedido, e surgem em todos os cantos para tirar aquela foto inesquecível da família. Se você está fazendo aniversário, ganha um broche, e todos, realmente todos os funcionários, sem exceção, pararão para cumprimentá-lo. As filas viraram, elas próprias, entretenimento. Ações proativas calcadas nas pessoas.

Sabemos, no entanto, que a maioria das empresas não sabe lidar com a proatividade das pessoas como faz a Disney. No âmbito empresarial, ao contrário, a proatividade pessoal é um verdadeiro tabu. Muito se fala sobre ela; pouco se sabe sobre como identificá-la e desenvolvê-la. E como todo tabu, o assunto está rodeado de "falsas verdades", aquelas questões que, por serem muito difundidas, acabam sendo aceitas como verdadeiras.

Os quatro mitos da proatividade pessoal

O primeiro desses "mitos" ou tabus geralmente coloca a proatividade pessoal como uma *habilidade inata*. Em outras palavras: as pessoas nascem mais ou menos proativas, sendo essa uma questão de personalidade. Nada mais falso. Não somos mais ou menos proativos por obra do acaso. A proatividade é uma competência e, como tal, pode ser treinada e desenvolvida.

O segundo mito vem na esteira do primeiro: se a *proatividade é questão de personalidade*, a empresa não tem influência sobre ela. Falso novamente. Pesquisas mostram que o ambiente de trabalho e, mais do que isso, a cultura da empresa, são altamente impactantes sobre a ação proativa dos indivíduos.

Terceira inverdade: *líderes não conseguem influenciar o comportamento proativo de seus subordinados*. Como escrevemos já em nosso primeiro livro, líderes proativos são o alicerce da proatividade dentro de uma empresa. A proatividade é uma competência *top-down*.

Finalmente, a quarta falácia: *é impossível detectar a proatividade de uma pessoa previamente*. Uma afirmativa também equivocada. Existem métodos para identificar previamente o grau em que uma pessoa é proativa (ou reativa).

> *Não somos mais ou menos proativos por obra do acaso. A proatividade é uma competência e, como tal, pode ser treinada e desenvolvida.*

Palco e bastidor

Gostamos de usar uma metáfora quando falamos da proatividade pessoal. Nela, representamos uma empresa e seu negócio como uma peça teatral. Quando vamos ao teatro, sentamos em frente ao palco. Nesse espaço, os atores contracenam. Ali acontece a entrega de valor para o público. Para uma empresa, o palco representa o ponto de interação com o mercado. O acesso do público-alvo à oferta. O relacionamento.

Mas toda peça de teatro pressupõe os bastidores, o *background*, onde acontecem os ensaios, treinos, o ajuste fino dos talentos e das competências, e também os erros, para que tudo saia certo na "hora da verdade". Nos bastidores se desenvolvem as habilidades, se gerenciam os recursos, se aprimora o know-how, promovem-se as alianças e parcerias. Uma peça teatral será realmente um desastre se não houver um roteiro e ensaios até a exaustão, comprometimento de todos, daqueles que colocarão os pés no palco e de quem segurará as pontas de quem vai para a linha de frente. Assim é no teatro e assim é em qualquer empresa.

Empresas proativas trabalham, e muito, nos bastidores, criando aquilo que denominamos "espaço de trabalho proativo". Elas concedem autonomia aos profissionais, dando a liberdade necessária para que eles possam agir por conta própria. Também premiam a eficiência proativa, incentivando com isso que as pessoas ajam de forma antecipatória. Finalmente, os gestores dessas empresas apoiam e fomentam a ação proativa por parte de seus subordinados.

Como identificar uma pessoa proativa

Um dos grandes desafios das empresas é identificar a proatividade das pessoas. Afinal, o que se deve observar ou perguntar no intuito de saber se alguém é mais proativo que outro?

Desenvolvemos um *checklist* que pode ser usado para identificar o quanto uma pessoa é proativa (ou reativa). Ele envolve dez características fundamentais que performam uma postura proativa diante da vida, seja ela pessoal ou profissional, e sua aplicação pode dar indícios consistentes sobre o grau de proatividade de uma pessoa.

AS DEZ CARACTERÍSTICAS DA PESSOA PROATIVA

1. Inconformismo positivo: o proativo é antes de tudo um inconformado. Ele tem pavor da mesmice e de ter que se adaptar às circunstâncias sem poder desafiá-las.

2. Determinismo: pessoas proativas não se intimidam diante das dificuldades e dos obstáculos. Pelo contrário, estes aguçam ainda mais sua vontade de avançar. Proativos sabem onde querem chegar e se esforçam para tanto.

3. Senso de oportunidade: proativos não esperam pelas oportunidades; eles as criam. Proativos fazem acontecer, não se limitam aos acontecimentos.

4. Iniciativa: impossível existir proatividade pessoal sem tomada de iniciativa e antecipação prévia. Proativos iniciam e — importante — terminam o que começaram.

5. Visão de futuro: proativos vivem o hoje, mas sem se esquecer do amanhã. Pensam sempre à frente, orientam-se pelo longo prazo. São guiados pelo futuro.

6. Conectividade: indivíduos de iniciativa atuam de forma conectada com as pessoas, valorizando parcerias e redes de relacionamento. A proatividade é uma prática social; ninguém é proativo sozinho.

7. Autoestima: proativos têm uma forte autoestima e crença em suas próprias capacidades. Ao mesmo tempo, reconhecem suas fraquezas de forma crítica e honesta, buscando aprimorar seus pontos fracos.

8. Foco: pessoas proativas centram seus esforços e sua energia no que podem modificar. Não deixam que as preocupações de fora de seu círculo de influência os desanimem.

9. Responsabilidade: proatividade rima com responsabilidade. Proativos assumem as rédeas da própria vida, com suas decisões e tomada de iniciativa.

10. Renovação constante: a proatividade é como as demais habilidades da vida: deve ser cuidada, aperfeiçoada, treinada e desenvolvida. Sempre.

A era da transformação digital descortina um novo mundo para a gestão de pessoas nas empresas. Como já afirmamos, a jornada começa com transformação cultural, ou seja, mudança de *mindset* das lideranças e equipes. Se na vida pessoal incorporamos novos comportamentos simples, como chamar um táxi pelo Uber ou trocar os CDs pelo Spotify, no âmbito da empresa precisamos nos adaptar aos novos processos, às ferramentas analíticas e aos métodos ágeis de trabalho, caso contrário, seremos tragados pelo turbilhão das mudanças.

Entra em cena a área de RH para articular esse processo de transformação das pessoas. O conceito de RH 4.0 engloba uma série de novas práticas, entre elas: soluções de inteligência artificial em processos de recrutamento e seleção, uso de assistentes virtuais (robôs) para responder a dúvidas dos funcionários sobre questões variadas, e, ainda, aplicação de modelos de análises preditivas e variáveis relacionadas a perfil, função, comportamento e desempenho das pessoas na organização.

Nesse novo mundo, novas competências de liderança precisam ser desenvolvidas, não só aquelas relacionadas a aspectos tecnológicos, mas outras, não menos importantes, endereçadas a questões humanas no ambiente trabalho, como diversidade, liderança por propósito e gestão de *gaps* geracionais (duas ou três gerações trabalhando juntas). O trabalho está sendo ressignificado na era 4.0. Nessa transição, comportamentos proativos são articulações preciosas para garantir, no presente, o compasso das mudanças e fazer a ponte para o futuro do negócio.

INSIGHT 4.0

SATISFAÇÃO DE CLIENTES: DA REAÇÃO À PREDIÇÃO, O FUTURO É AQUI E AGORA.

Satisfação de clientes é a chave-mestra do marketing. Pode soar um tanto despretensioso começar este *insight* com uma afirmação tão óbvia.

Mas graças à revolução digital — que está aí, ameaçando e ao mesmo tempo oportunizando tanta coisa no mundo dos negócios — podemos ousar na abordagem do último *insight* deste livro. Não fosse essa nova era digital, o máximo que poderia ser dito seria algo do tipo: "cuide bem da satisfação de seus clientes; sempre que possível, seja surpreendente e encante-os; clientes amam conveniências e mimos..." Convenhamos, empresas proativas precisam ir além dessa perspectiva. Como já dissemos, *o marketing da nova era será proativo.*

Veja bem e confirme conosco essa perspetiva. Na história do mundo corporativo, nunca houve tanta oportunidade para estrategistas de marketing lidarem de forma proativa com questões como estas:

Quais são os clientes com maior propensão de compra?

O que os clientes comprarão?

Quais são as mais efetivas opções de vendas cruzadas?

Como reduzir riscos de evasão de clientes?

Que novos fatores interferirão na satisfação dos clientes?

Em que nível o preço afeta a satisfação dos clientes?

Como monitorar as percepções dos clientes em tempo real?

Quais e como macrotendências afetarão a satisfação dos clientes?

Esse menu de indagações deve entrar já para a agenda estratégica do marketing. Percebe-se hoje uma ampla disseminação de práticas relacionadas ao *tracking* da satisfação dos clientes nas empresas, como a metodologia *NPS — Net Promoter Score*, criada pela consultoria Bain & Company.[5] Vemos com bons olhos tais práticas (apesar de observarmos muitos gestores

---

5 https://www.bain.com/insights/introducing-the-net-promoter-system-loyalty-insights/ (conteúdo em inglês).

agindo reativamente como "escravos dos índices"... e acabam perdendo a visão holística do processo). Mas é preciso evoluir, de forma proativa, nesse mundo tão visceral do jogo estratégico de marketing, voltado para a experiência do cliente. Não haverá prorrogação para empresas retardatárias.

O nome do lance decisivo é este: análise preditiva da satisfação do cliente ("*customer satisfaction prediction*"). Há muitas empresas já envolvidas com esse novo jogo. A pesquisa global *Bain Customer Experience Tools and Trends Survey 2018*, realizada pela Bain & Company,[6] avaliou a adoção de 20 ferramentas de gestão da experiência do cliente, entre empresas com atuação relevante em seus respectivos mercados. As três ferramentas mais citadas se relacionam com *sistemas de análises preditivas, monitoramento de sensores em produtos e operações e design de experiências personalizadas*. Segundo a pesquisa, "a maioria das grandes empresas, por exemplo, mantém um grupo analítico devotado a descrever, antecipar e otimizar interações com clientes".

A inteligência artificial está se tornando uma aliada decisiva dos estrategistas de marketing, no jogo de entendimento e de antecipação do comportamento dos clientes. Estrategistas decididos a orquestrar jogadas proativas nesse campo contam com ferramentas avançadas para capturar insights valiosos e antecipar ações ao longo da jornada do cliente. Diversos provedores de soluções analíticas oferecem ferramentas que ajudam o marketing a ser mais proativo nesse jogo.

O futuro já chegou no campo do marketing de antecipação. Clientes agradecem. Mas atenção: eles podem mudar de time quando bem entenderem. O marketing proativo tem como missão evitar que isso aconteça. E o jogo não cessa nunca.

---

6 https://www.bain.com/insights/customer-experience-tools-and-trends-2018/ (conteúdo em inglês).

Conclusão e Apêndices

Conclusão

Fechamos mais uma obra em nossa jornada pelos rumos da proatividade de mercado. A realidade da transformação digital indica a incidência de mudanças espantosas nos próximos anos, em todos os setores de negócio. E como nunca antes, a proatividade deve estar presente na agenda estratégica das empresas, por dois motivos essenciais. Primeiro, porque o *mindset* proativo reforça o senso de urgência dos estrategistas. Nestes tempos digitais, reações tardias podem ser muito danosas para as empresas em geral (e até mesmo letais para algumas). Segundo, porque as oportunidades de inovação são enormes, no curto, médio e longo prazos.

Assim, é hora de acionar as quatro chaves da proatividade e abrir novas frentes de antecipação de mercado. Nunca as empresas tiveram tantas tecnologias disponíveis para criar novas ofertas, transformar modelos de negócio e ser mais preditivas em relação ao comportamento dos clientes.

Sabemos também que a construção de estratégias proativas na nova era é uma escolha estratégica de cada empresa. Uma alternativa é esperar pela mudança e reagir; a outra, antecipar-se a ela. Além disso, demanda-se o desenvolvimento das capacidades que foram descritas quando tratamos da *Mandala da Proatividade*. Não é por decreto que as empresas se tornam proativas.

Finalmente, o que dizer sobre a disrupção, a palavra mais temida nestes novos tempos? Costumamos dizer que ela significa uma ameaça apenas para empresas desavisadas ou sem reserva de futuro, e uma oportunidade para aquelas atentas e ativadoras. No seio de qualquer disrupção nos negócios há sempre uma estratégia proativa. Pense nisso.

Apêndice 1

Diagnósticos de proatividade

Apresentamos neste apêndice duas escalas utilizadas para realizar diagnósticos de proatividade em empresas de qualquer natureza.

PROMARK — GRAU DE PROATIVIDADE, CHECK-UP DAS CAPACIDADES

A escala PROMARK foi desenhada para auxiliar os executivos a avaliar o comportamento da empresa em relação a uma série de ações nas três dimensões da proatividade de mercado, ações estas que ilustram posturas das empresas proativas em relação ao mercado. A escala CHECK-UP DAS CAPACIDADES, por sua vez, foi concebida para avaliar o comportamento da empresa em relação às oito capacidades apresentadas no Capítulo 4.[1] A finalidade dos dois diagnósticos é promover uma autoanálise sobre como a empresa vem atuando em relação ao mercado e como ela se comporta em relação às capacidades para a proatividade de mercado. O objetivo dessa autoanálise é ajudar as equipes a estabelecerem prioridades e cursos de ação. Para a aplicação dos diagnósticos, sugerimos inicialmente o que segue:

1. As questões deverão ser respondidas pelos executivos da alta gerência da empresa, de forma individual.

2. Se a organização tiver mais de uma Unidade Estratégica de Negócio (UEN), os executivos poderão responder considerando aquela na qual se inserem no momento, ou considerando a empresa como um todo. É necessário que o escopo da análise seja claro e acordado pela equipe de forma prévia.

3. Lembre-se de que os diagnósticos devem ser respondidos considerando-se o momento atual da empresa e suas características e práticas em vigor, e não o que possa ser considerado ideal à organização.

4. As questões representam práticas e comportamentos característicos das empresas proativas, sendo avaliadas em uma escala de concordância/discordância de cinco pontos. Assim, os extremos um e cinco representam respectivamente Discordância Total (DT) e Concordância Total (CT) em relação à afirmação disposta. Os escores dois e quatro representam respectivamente Discordância Parcial (DP) e Concordância Parcial (CP) com as afirmações. Marcações no escore três indicam que não há Nem Discordância Nem Concordância (NN) em relação ao item analisado.

5. As marcações individuais deverão ser discutidas de forma comparada pela equipe, avaliando-se as convergências e disparidades existentes entre elas.

6. No caso das disparidades, deve-se chegar a um consenso sobre o escore que melhor represente a realidade da empresa, o qual poderá ser arbitrado ou, se isso se mostrar difícil, consistir na média dos escores.

---

1 Os diagnósticos de avaliação apresentados (escala PROMARK e CHECK-UP DAS CAPACIDADES) ancoram-se na pesquisa exploratória realizada, mais especificamente na revisão de literatura e nos resultados de entrevistas com executivos da alta gerência de diferentes organizações.

7. Respondidos os questionários, procede-se a avaliação dos resultados da escala PROMARK e do CHECK-UP DAS CAPACIDADES, de acordo com os procedimentos específicos referenciados na sequência.

Escala PROMARK

Avalie o nível de proatividade de mercado da sua empresa nas dimensões da oferta, indústria e cliente, de acordo com as afirmações descritas na sequência.

A. Proatividade na Oferta

NESTA EMPRESA:	(1) DT	(2) DP	(3) NN	(4) CP	(5) CT
1. Lançamos produtos e serviços buscando mudar as preferências dos consumidores.					
2. Procuramos incorporar, em nossos produtos e serviços, soluções para futuras necessidades dos clientes.					
3. Procuramos gerar novos benefícios entregues ao mercado por meio de nossos produtos e serviços.					
4. Buscamos alterar a oferta do mercado, criando ou modificando benefícios a ela inerentes.					

B. Proatividade na Cadeia de Valor

NESTA EMPRESA:	(1) DT	(2) DP	(3) NN	(4) CP	(5) CT
1. Buscamos agir sobre os agentes do setor em que atuamos (concorrentes, fornecedores e distribuidores), buscando alterar sua estrutura e comportamentos.					
2. Avaliamos possibilidades de integrar funções de fornecedores e/ou distribuidores.					

NESTA EMPRESA:	(1) DT	(2) DP	(3) NN	(4) CP	(5) CT
3. Avaliamos constantemente a possibilidade de atuar sobre a regulamentação e legislação do mercado, objetivando modificá-la em nosso favor.					
4. Avaliamos de forma sistemática a possibilidade de construir alianças estratégicas com empresas concorrentes.					

C. Proatividade no Cliente

NESTA EMPRESA:	(1) DT	(2) DP	(3) NN	(4) CP	(5) CT
1. Trabalhamos junto aos nossos principais clientes, tentando reconhecer suas necessidades meses ou até anos antes que a maioria do mercado as reconheça.					
2. Antecipamos as tendências do mercado atual, buscando reconhecer quais serão suas preferências e necessidades no futuro.					
3. Buscamos constantemente gerar novas preferências e/ou necessidades de consumo.					
4. Nossa pesquisa de mercado é guiada para descobrir necessidades e preferências latentes, ou seja, que os próprios consumidores desconhecem.					

Avaliação dos resultados

1. Some os escores em cada dimensão da proatividade de mercado de forma individual. Calcule a média dos escores em cada dimensão.

2. Médias acima de 4 indicam que a organização executa a maioria das ações que caracterizam uma empresa proativa. Médias entre 3 e 4 indicam uma atuação menos saliente. Médias inferiores a 3 indicam que a

empresa, de forma geral, não atua proativamente em relação à dimensão em análise.

NOTA: saliente-se que os resultados oriundos da aplicação da escala PROMARK não devem ser tomados de forma absoluta. Assim, níveis satisfatórios de proatividade de mercado não necessariamente asseguram o sucesso das estratégias de antecipação traçadas. A eficácia de uma estratégia proativa de mercado depende, em última análise, da intensidade e amplitude das mudanças geradas pela empresa. Isso explica como muitas vezes duas empresas podem ter avaliações do nível de proatividade bastante similares, mas performances proativas totalmente diferentes. O diagnóstico via escala PROMARK, entretanto, auxilia a organização a comparar suas práticas com aquelas que caracterizam uma empresa proativa por excelência. Para gerar momentos-zero de alta intensidade e amplitude é necessário, antes de tudo, que a empresa atue de forma proativa em relação ao mercado.

3. Observe os itens avaliados com escores mais baixos (1 e 2) nas três dimensões. Avalie as causas dessa baixa avaliação.

4. Observe os itens avaliados com escore 3, avaliando o que está impedindo a empresa de ter uma atuação mais acentuada em relação às ações referentes.

5. Discuta possíveis prioridades e cursos de ação em relação aos pontos mais deficitários. Observe o que deve ser melhorado para facilitar a escolha da empresa em termos de dimensões, níveis e ações em que pretende atuar.

NOTA: importante enfatizar que o objetivo da escala PROMARK não é o de apontar a sequência estratégica de dimensões, níveis e aplicações a ser seguida pela empresa. Como já vimos, isso constitui uma decisão que deve se basear na avaliação da Matriz da Mudança, e também nos recursos que a empresa tiver, nos objetivos que almeja perseguir e nas contingências com as quais se defronta. Não obstante, a análise das ações deficitárias pode auxiliar a instituição a programar possíveis cursos de ação voltados a melhorar o desempenho em ações específicas, facilitando a atuação em determinada sequência estratégica a ser implementada.

6. Uma questão adicional pode ser discutida: de forma geral, a empresa é proativa em relação ao mercado? Essa pergunta faz com que os executivos tomem as três dimensões em sua totalidade, analisando se, ao final, a empresa tem pendido mais para a reatividade ou para a proatividade em suas estratégias de mercado.

Check-up das capacidades

O CHECK-UP DAS CAPACIDADES envolve o diagnóstico das oito capacidades nas quatro dimensões da gestão proativa que idealizamos. Procure avaliar as questões que seguem com a máxima imparcialidade, refletindo a situação real e atual da empresa.

A. Gestão do Comportamento Proativo

A1. Capacidade de liderar proativamente

NESTA EMPRESA:	(1) DT	(2) DP	(3) NN	(4) CP	(5) CT
1. Procuramos constantemente novas maneiras de fazer as coisas.					
2. Encorajamos o questionamento e novas formas de se pensar sobre os problemas.					
3. Estimulamos a postura criativa e a exploração de novas oportunidades.					
4. Buscamos agir antecipadamente aos problemas.					

A2. Capacidade de identificar e desenvolver pessoas proativas

NESTA EMPRESA:	(1) DT	(2) DP	(3) NN	(4) CP	(5) CT
1. Investe-se tempo na seleção e contratação de profissionais focados em agir de forma antecipada e autônoma.					
2. Capacitamos as pessoas para que sejam proativas.					
3. As pessoas que geram soluções e novas ideias são recompensadas.					
4. Estimulamos e motivamos as pessoas a serem proativas, reconhecendo-as publicamente quando geram alguma ideia inovadora.					

B. Gestão da Incerteza

B1. Capacidade de lidar com o risco

NESTA EMPRESA:	(1) DT	(2) DP	(3) NN	(4) CP	(5) CT
1. Aceitamos assumir altos riscos quando visamos a conseguir altos retornos.					
2. Encorajamos o desenvolvimento de estratégias de mercado inovadoras, mesmo sabendo que algumas delas poderão fracassar.					
3. Inspiramos os colaboradores a lidar com a tomada de riscos.					
4. Buscamos aprender sobre os riscos, procurando conhecer sua potencialidade de ocorrência e gravidade de impacto.					

B2. Capacidade de lidar com o erro

NESTA EMPRESA:	(1) DT	(2) DP	(3) NN	(4) CP	(5) CT
1. Concedemos às pessoas a liberdade de errar.					
2. Somos compreensivos com as falhas quando estas ocorrem na busca de algo realmente novo.					
3. Entendemos como normais eventuais falhas no processo de lançamento de novos produtos e serviços.					
4. Não recriminamos as falhas geradas nas tentativas de antecipar a mudança.					

C. Gestão do Futuro-hoje

C1. Capacidade de visualizar realidades futuras

NESTA EMPRESA:	(1) DT	(2) DP	(3) NN	(4) CP	(5) CT
1. Geralmente enxergamos realidades futuras muito antes do que a concorrência.					
2. Entendemos que é possível criar realidades de mercado até então não imaginadas.					
3. A alta gerência tem visão de futuro e a usa para inspirar as pessoas.					
4. Todos estão alinhados e comprometidos em construir as realidades de mercado imaginadas.					

C2. Capacidade de gerenciar a pressão do curto prazo

NESTA EMPRESA:	(1) DT	(2) DP	(3) NN	(4) CP	(5) CT
1. Buscamos o equilíbrio entre os resultados de curto prazo e os de longo prazo.					
2. Muitas vezes sacrificamos os resultados do presente em prol de ganhos maiores no futuro.					
3. Os critérios para a alocação de recursos adotados pela alta gerência geralmente refletem uma visão de longo prazo.					
4. Os objetivos de curto prazo não são empecilho na busca por novas oportunidades.					

D. Gestão da Inovação Proativa

D1. Capacidade de inovar proativamente

NESTA EMPRESA:	(1) DT	(2) DP	(3) NN	(4) CP	(5) CT
1. Tratamos a inovação como uma oportunidade de modificar a realidade do mercado.					
2. Investimos no lançamento de novos produtos e serviços, mesmo que venham a concorrer com produtos e serviços ainda rentáveis que temos no mercado.					
3. Agimos no sentido de influenciar as preferências e necessidades dos clientes em relação aos produtos e serviços que lançamos.					
4. Entendemos que uma inovação tende a ser mais bem-sucedida se o mercado for trabalhado antecipadamente para aceitá-la.					

D2. Capacidade de gerenciar de forma flexível

NESTA EMPRESA:	(1) DT	(2) DP	(3) NN	(4) CP	(5) CT
1. A estrutura hierárquica não é empecilho para a criatividade e o livre curso de ideias.					
2. Busca-se constantemente a mudança, e não manter as coisas como estão.					
3. Há espaço para a ação empreendedora.					
4. As pessoas são encorajadas a tomar decisões de forma independente, sem a necessidade de ter de recorrer à aprovação de um superior.					

Avaliação dos resultados

1. Some os escores em cada capacidade de forma individual.

2. Utilize a régua das capacidades (Figura B-1) para determinar o grau de desenvolvimento em relação a cada capacidade em particular e seu res-

pectivo curso de ação. O nível de gestão de uma capacidade será considerado *deficiente* se tiver escore entre 4 e 8 pontos, *fraco* se tiver escore entre 9 e 12 pontos, e *vulnerável* se tiver escore entre 13 e 16 pontos, o que pode implicar dificuldades para a empresa implementar uma estratégia proativa de mercado. Escores superiores a 16 pontos denotam que a gestão da capacidade em análise está em um nível *satisfatório*, contribuindo para a execução e o desempenho das estratégias proativas traçadas.

3. Capacidades de gestão deficiente ou fraca necessitam de melhorias urgentes. Capacidades cuja gestão apresente-se vulnerável devem ser desenvolvidas. Capacidades gerenciadas satisfatoriamente não necessitam de ações imediatas, mas a empresa deve monitorar constantemente seu nível de gestão para mantê-las nesse patamar ou até aumentar sua eficiência.

4. Verifique quais capacidades foram avaliadas com baixos escores (valores inferiores a 13) e tente descobrir os motivos da baixa avaliação. Atente para os itens mais deficitários dessas capacidades (escores 1 e 2), os quais traduzem as maiores fraquezas da empresa em relação à capacidade avaliada.

5. Observe os itens avaliados com escore 3, avaliando por que a empresa tem dificuldades em desenvolvê-lo.

6. Analise o que pode ser feito para aprimorar as capacidades para a proatividade de mercado utilizando o **check list** específico apresentado ao final dos Capítulos de 7 a 10.

FIGURA B-1

Régua das capacidades

4	8	12	16	20
NÍVEL DE GESTÃO DA CAPACIDADE	DEFICIENTE	FRACO	VULNERÁVEL	SATISFATÓRIO
AÇÕES ESPECÍFICAS	MELHORAR URGENTEMENTE	MELHORAR	DESENVOLVER	MANTER/ APRIMORAR

Apêndice 2

Apresentamos neste apêndice duas ferramentas práticas para a visualização de realidades futuras de mercado. O *radar de mudanças* é utilizado para orientar e apoiar o processo de rastreamento e análise de sinais de mudanças do mercado. O *holofote de imagens futuras* é utilizado para orientar e apoiar o processo de construção de cenários ou imagens futuras de mercado.

O RADAR DE MUDANÇAS

Iniciemos a análise do radar pelo *quadrante superior direito*, que engloba os sinais de forte intensidade oriundos do mercado de atuação da empresa. Essa área envolve mudanças no mercado em que a empresa compete e que já dão mostras bem claras de que irão ocorrer. Ao rastrear esse quadrante, é como se a empresa se perguntasse: o que o mercado no qual atuamos está dizendo?

Embora o foco de atenção das empresas proativas sejam os sinais fracos do mercado — justamente por serem ainda ocultos e representarem fontes potenciais de antecipação —, esses sinais fortes não devem nunca ser negligenciados. Não reconhecer sinais que já se tornaram tão intensos a ponto de tornar a mudança uma certeza pode cegar a organização para uma nova realidade que se impõe (novamente lembramos do caso Kodak).

Mas ainda que o reconhecimento dos sinais fortes na zona de atuação da empresa seja necessário, será um problema quando ele se configurar como o alvo único das ações de inteligência de mercado. É o que acontece, por exemplo, quando a empresa passa a orientar suas estratégias com base unicamente nas informações explícitas de seus clientes ou nos movimentos dos concorrentes diretos e atuais.

Uma mudança de direcionamento simples, porém, pode otimizar o uso das ferramentas tradicionais de diagnóstico, descortinando para a empresa sinais fortes que possam estar sendo emitidos para além das fronteiras do mercado em que compete. Nesse caso, os estrategistas direcionam o radar para o *quadrante inferior direito*, ou seja, para os mercados que desconhecem, mas que podem influenciar a mudança na área de atuação da empresa.

Ao direcionar o radar para além dos limites de seu mercado de atuação, a empresa passará a ouvir o que outros mercados estão dizendo. Ela pode, por exemplo, realizar uma pesquisa com clientes de outras indústrias, analisar a concorrência em mercados que aparentemente não lhe dizem respeito, ou avaliar o impacto de novas ofertas em setores distantes daquele em que opera. Uma empresa fabricante de móveis, por exemplo, pode ter insights valiosos para seu negócio analisando tendências e comportamentos no mercado da construção civil ou no (aparentemente) distante mundo da moda.

A busca efetiva dos sinais da mudança começa, no entanto, quando a empresa parte para a varredura dos 180° restantes do radar. Isso ocorre quando ela centra o rastreamento nos sinais fracos do mercado, esses avisos codificados, que dão pistas sobre o que o mercado ainda não diz de forma clara.

Da mesma forma como ocorre com os sinais fortes, sinais fracos devem ser rastreados dentro e fora dos limites de atuação da empresa. Ao rastrear sinais tênues no mercado em que age (*quadrante superior esquerdo*), a empresa estará tentando decifrar o que pode estar escrito nas entrelinhas do discurso do mercado, ou seja, aquilo que ele ainda não diz de forma clara. Podem ser preferências e necessidades latentes dos clientes, regulações do mercado em vistas de mudar de forma drástica, movimentos de concorrentes ainda ocultos e tecnologias emergentes que podem ancorar mudanças substanciais na oferta padrão em vigor.

Por fim, a utilização do radar da mudança se completa quando a empresa passa a procurar também por sinais fracos fora de seu mercado (*quadrante inferior esquerdo*), mas que possam surtir efeitos em seu contexto. Tecnologias emergentes de outras indústrias com potencial de convergência com a tecnologia adotada pelo mercado, insights de clientes de outros mercados que acenem para a possibilidade de novas ofertas e novos concorrentes indiretos que estejam surgindo no horizonte competitivo são alguns sinais que ficarão imperceptíveis se o radar não for direcionado para além dos domínios competitivos da empresa. Procurar por sinais fracos fora da área de atuação da empresa talvez seja a parte mais complexa no processo de captação de sinais do mercado. Essa ação conjuga a dificuldade inerente à captação de sinais quase imperceptíveis com o desafio de enxergar para além da zona de familiaridade da empresa. Mas as recompensas geralmente validam esse esforço.

O HOLOFOTE DE IMAGENS FUTURAS

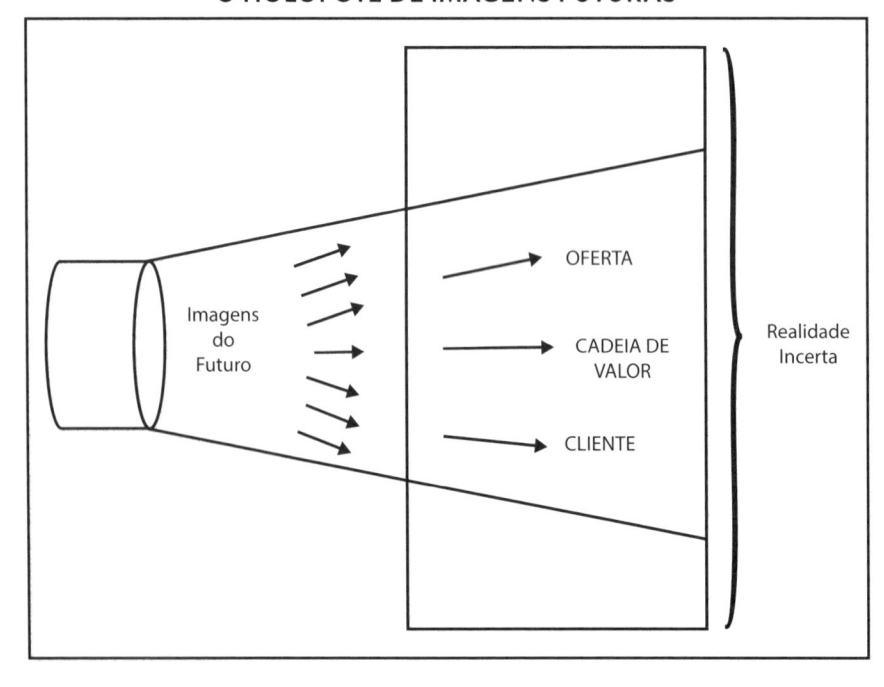

O processo de construção de imagens que idealizamos é posto em prática a partir de quatro ações fundamentais (Figura 4-3). Primeiramente deve-se definir o que denominamos *questões instigantes*: assuntos a respeito do futuro que interessam muito à empresa e sobre os quais ela tem grande interesse em "saber mais". Quando partem para articular as questões instigantes, os estrategistas, na verdade, estão colocando a seguinte pergunta: o que devemos saber sobre o futuro, hoje, para criar mudanças potenciais nas dimensões da oferta, indústria e cliente? Definir um rol de questões que tenha significado e relevância para a empresa é o primeiro passo para um processo eficaz de construção de imagens do futuro.

Determinadas as questões instigantes, a segunda ação é buscar as respostas às questões levantadas. Os gestores não têm uma bola de cristal que os auxilie nessa empreitada, e, assim, devem analisar os fatores que podem justamente influenciar essas respostas. Ao mapear esses *fatores de influência*, eles começam a tomar maior consciência do que sabem e — muito importante — do que não sabem a respeito do futuro. Em outras palavras, os estrategistas começam a identificar as reais incertezas com as quais devem se confrontar se quiserem criar mudanças potenciais relevantes.

Ao concluir o processo de mapeamento dos fatores de influência, os gestores estarão em condições de identificar quais deles traduzem tendências com acentuado grau de previsibilidade e quais se revestem de grande ambiguidade, sendo difícil avaliar sua potencialidade de ocorrência. Em outras palavras, eles estarão em condições de identificar as *incertezas críticas* relacionadas ao futuro, que revelam eventos que não podem de nenhuma forma ser negligenciados e que nortearão a etapa final do processo de construção de imagens.

Por fim, conclui-se o processo de construção de imagens escolhendo-se, dentre as incertezas críticas identificadas, aquelas que o grupo entender como as mais impactantes para a empresa. Diferentes imagens serão construídas a partir da combinação das incertezas eleitas. As imagens desenhadas são então postas à prova, buscando-se analisar sua coerência e razoabilidade. Estará delineado, dessa forma, o mosaico de futuros possíveis representado pelas imagens desenhadas, verdadeiro guia para a construção de mudanças potenciais nas dimensões da oferta, da indústria e do cliente.

Para um melhor entendimento, sintetizamos os quatro passos do processo descrito:

(1) Definindo as questões instigantes. De forma objetiva, as questões instigantes representam tudo aquilo que os gestores gostariam de saber a respeito do futuro; traduzem as angústias e preocupações da empresa em

relação ao amanhã. A definição das questões instigantes deve endereçar as três dimensões da proatividade de mercado. Assim, os gestores partirão para articular suas interrogações sobre o futuro a respeito da oferta, da indústria e dos clientes, no mercado em que atuam.

Uma boa maneira de facilitar esse processo — e descontrair o grupo — é colocar a seguinte simulação para cada gestor envolvido na construção de imagens: se você tivesse acesso a um vidente infalível e pudesse endereçar a ele duas ou três perguntas em relação ao futuro, uma para cada dimensão da proatividade de mercado, que perguntas faria?

Esse desafio simulado deverá remeter à geração de cerca de 10 a 30 questões instigantes para cada dimensão da proatividade de mercado, dependendo do número de participantes inseridos no processo e do grau de ponderação atingido (no caso de grupos pequenos, com menos de 10 participantes, pode-se solicitar que cada membro da equipe articule mais de 3 questões para cada dimensão. Na ocorrência de maiores dificuldades para gerar as questões, pode-se trabalhar em grupos de 3 a 4 participantes, como forma de balancear diferentes níveis de aptidão exibidos pelos gestores). O importante, em síntese, é criar as condições para que os estrategistas envolvidos acreditem na validade estratégica desse processo e sintam-se estimulados a participar, gerando questões oportunas e relevantes.

Um aspecto que deve ser acordado previamente à definição das questões instigantes diz respeito aos limites no tempo e no espaço das imagens que serão posteriormente construídas. Assim, as questões devem ser articuladas a partir de um enunciado que deixe claro o período de tempo que será coberto pelas imagens do futuro (seis meses? Um ano? Cinco anos?), bem como seu alcance em termos de mercado (as imagens focalizam o mercado local? Nacional? Global?).

(2) Mapeando os fatores de influência. Como já salientamos, os fatores de influência representam os eventos que podem influenciar as respostas às questões instigantes. Seu mapeamento pode ser iniciado pelas questões instigantes que mais interessam à empresa, contanto que nenhuma seja negligenciada ou tida como menos importante do que outra (como gostamos de enfatizar, questões instigantes não devem ser varridas para baixo do tapete). Uma forma de organizar esse processo e assegurar igual tratamento às questões emitidas é partir da primeira questão instigante formulada, solicitando então ao grupo que analise os fatores com poder de impactar possíveis respostas a ela pertinentes. Segue-se mapeando os

fatores de influência relativos a todas as questões instigantes levantadas, nas três dimensões da proatividade de mercado.

(3) *Identificando as incertezas críticas*. A identificação das incertezas críticas coloca os gestores envolvidos no processo de construção de imagens diante de uma pergunta capital: como mensurar o grau de incerteza de um determinado fator de influência?

Essa é uma pergunta que não é fácil de ser respondida, pois a determinação do que é ou não incerto é uma questão sempre aberta a distintas interpretações. Observa-se que não poucas vezes os participantes do processo de construção de imagens passam a divergir de forma marcante a respeito do grau de incerteza associado a determinado fator de influência. Uma solução bastante simples para essa dificuldade é justamente analisar em que nível os gestores concordam — ou discordam — a respeito do comportamento de determinado fator. Quanto mais alta a discordância, mais certo é que se estará diante de uma incerteza. Já concordâncias quase unânimes sobre o comportamento aludido geralmente revelam estar-se diante de uma tendência. Assim, deve-se prestar atenção aos fatores de influência que suscitam grandes discussões e dúvidas entre o grupo de trabalho, os quais denotam quase que invariavelmente incertezas relevantes.

O nível de incerteza pode ser mensurado em termos de baixo-médio-alto, ou utilizando-se uma escala numérica, por exemplo, entre 1 (baixa incerteza) e 5 (alta incerteza). Pode-se também solicitar aos participantes que expressem o nível de incerteza de determinado evento a partir dos extremos "está ocorrendo" e "nunca ocorrerá", passando por posições intermediárias como "ocorrerá brevemente" e "improvável que ocorra". Diferentes posicionamentos nas escalas referidas farão o próprio grupo perceber onde se localizam as incertezas mais relevantes. Por fim, também é importante reconhecer com antecedência os eventos tradicionalmente mais previsíveis, diferenciando-os daquele de maior ambiguidade. Por exemplo, tem-se observado que eventos associados às dinâmicas demográficas e tecnológicas geralmente revelam tendências de razoável previsibilidade, enquanto fatores como o movimento futuro de competidores ou as atitudes dos consumidores na maioria das vezes apresentam-se envoltos em maior incerteza. Essa visualização prévia auxilia os estrategistas a alocarem seus esforços naqueles fatores com maior probabilidade de incerteza, evitando que gastem o tempo de análise sobre tendências de ocorrência bastante óbvia.

Importante frisar, por fim, que uma boa dose de subjetividade estará sempre presente ao se definir o grau de incerteza dos fatores de influência listados. Esse é um processo muitas vezes vagaroso e que requer boa dose de determinação e paciência por parte dos gestores. É preciso ter em mente que a incerteza não se revela de forma abrupta. Como especulou poeticamente o personagem Riobaldo no romance *Grande Sertão: Veredas*, do escritor Guimarães Rosa: "(...) só aos poucos é que o escuro é claro".

(4) Desenhando as imagens do futuro. O primeiro passo para o desenho das imagens do futuro consiste em cruzar as duas incertezas críticas traçadas, construindo-se uma estrutura de dois vetores, como a apresentada na figura a seguir.

IMAGENS DO FUTURO

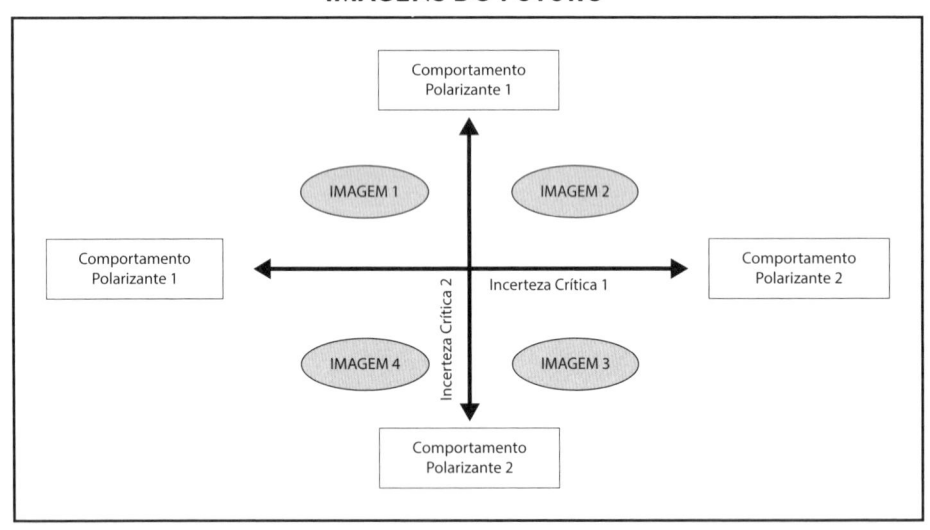

Note que cada incerteza crítica é limitada em seus extremos por dois comportamentos polarizantes. Esses comportamentos nada mais são do que hipóteses alternativas sobre como cada incerteza poderá se comportar. Os polos estipulados devem ir ao limite do que o grupo entenda como comportamentos extremos, mas de ocorrência plausível (de nada adiantará construir uma imagem do futuro a partir de um comportamento que se presuma que nunca ocorrerá). Essas posições extremas asseguram que as imagens desenvolvidas cubram uma extensão bastante significativa da área de incerteza em análise, garantindo que as imagens construídas sejam realmente diferentes, e não apenas sutis variações sobre o mesmo tema. Como costumamos dizer, imagens devem ser fotografias de paisagens diferentes, e não fotografias diferentes da mesma paisagem.

Índice